向十三岁的立贤
及
为立贤做贡献的人们致敬

用明天的趋势教育今天的孩子

——借助云平台激励儿童自主成长的实践探索

主编 朱春明 高 洁

苏州大学出版社
Soochow University Press

图书在版编目(CIP)数据

用明天的趋势教育今天的孩子：借助云平台激励儿童自主成长的实践探索／朱春明，高洁主编. —苏州：苏州大学出版社，2021.1
ISBN 978-7-5672-3486-4

Ⅰ.①用… Ⅱ.①朱… ②高… Ⅲ.①小学教育－教育实践 Ⅳ.①G62

中国版本图书馆 CIP 数据核字(2021)第 028795 号

| 书　　名：用明天的趋势教育今天的孩子 |
| ——借助云平台激励儿童自主成长的实践探索 |
| 主　　编：朱春明　高　洁 |
| 责任编辑：金莉莉 |
| 装帧设计：刘　俊 |
| 出版发行：苏州大学出版社（Soochow University Press） |
| 社　　址：苏州市十梓街1号　邮编：215006 |
| 印　　刷：镇江文苑制版印刷有限责任公司 |
| 网　　址：www.sudapress.com |
| 邮购热线：0512-67480030 |
| 销售热线：0512-67481020 |
| 开　　本：710 mm×1 000 mm　1/16 |
| 印　　张：9.25 |
| 字　　数：155 千 |
| 版　　次：2021 年 1 月第 1 版 |
| 印　　次：2021 年 1 月第 1 次印刷 |
| 书　　号：ISBN 978-7-5672-3486-4 |
| 定　　价：36.00 元 |

图书若有印装错误，本社负责调换
苏州大学出版社营销部　电话：0512-67481020
苏州大学出版社网址　http://www.sudapress.com
苏州大学出版社邮箱　sdcbs@suda.edu.cn

编写组名单

主　编	朱春明	高　洁		
副主编	周　键	苏　敏	李　勤	陆　敏
编　者	陈　泱	孙晓璐	叶　沁	王　静
	韩圆圆	靳开心	程　欢	时　尚
	周　娟	高　艳	孙霁月	周　璐
	尹　敏	丁敏锐	张　月	周　颖
专家顾问	朱卫国	陆志平	吴永军	左　坤
	张晓东	宗锦莲	吕林海	陈国庆
	李亚娟	丁加旗	余夕凯	杨向红
	项　平	乔凌峰		

Foreword 1
序（一）

　　我和朱春明校长相识已有几年时间了，我感觉他是一位有思想、有追求、有办法的好校长，越是难题，他越是愿意带领团队攻关；越是硬骨头，他越是敢啃。现代信息技术与教育的深度融合，就是一块异常难啃的硬骨头，这几年，南京市立贤小学在朱春明校长的带领下，在这方面有所突破。

　　众所周知，以大数据、云计算、人工智能为标志的信息革命，正在对持续了400多年的现代教育体系提出范式挑战。信息化与智能化的结合，将不可避免地带来教学手段、教学内容、学习方式与教师职能的深刻变革，并将从根本上改变全球的教育。

　　"利用技术促进个性化学习，让学生学习更自主"的思想一直被教育改革者所追求着。据我所知，南京市立贤小学从建校以来，一直秉持着"用明天的趋势教育今天的孩子"的教育理念，将习惯养成等具有学校特色的内容融进对学生的综合评价体系中，编印了纸质版的《校本素质报告书》。2013年，"相长教育"被确立为立贤人进行教育的出发点和归宿，学校联合技术团队，将这一报告书升级为电子版。2018年，智能版云平台评价系统投入使用，以云平台的形式先后在 PC 端和微信端上线，在此基础上，朱春明校长带领团队进一步研究，争取到江苏省前瞻性项目"借助云平台激励儿童自主成长的实践探索"，其初步成果参加了在珠海举办的"第四届全国教育创新展"。

技术是为教育服务的，教育质量本质上只能源于教育内涵。"借助云平台激励儿童自主成长的实践探索"项目，不仅类似一份素质报告书，更像一个成长档案袋，还是由二维码奖状、点赞、互动评价等组成的系列激励手段，更是包含了技术支持系统、评价支持系统和教师支持系统的资源平台，所以，这个项目着实带给立贤的每一个孩子一份良好的教育资源。

以"习惯树评价"课程为例，将原有的习惯评价表格以可爱的"习惯树"的形式呈现在孩子的个人页面中。教师、家长和孩子本人的点评会以阳光、雨露、养料的形式滋养"习惯树"，让它从一棵小树长成参天大树，直到长成一片森林。随着研究的深入，他们也开始逐步反思：这样一套综合评价体系，这些新的技术手段，会不会给身处其中的儿童营造出"全方位无死角"的被观察者的感受？数字技术如何实现从管控走向解放，让儿童得到自主成长的机会，享受数字云媒体技术带来的快乐、互动、成长？

基于这些思考，才有了"构建一个更为开放、自主的互动体系"的构想，以实现对学生自主成长的激励和促进，一个全新的、全方位的激励儿童自主成长的云平台应运而生。在研究中，南京市立贤小学尝试通过整体规划，穿越边界，实现为儿童学习提供全时空和个性化服务。这样就把"儿童"这一群体提升到了主人翁的地位上来。

这一项目在未来的实践中将显现出哪些优势呢？

首先，改变评价相对单一的传统模式，追求评价的多元化、即时性与可视化。在云平台技术的支持下，评价数据通过数据、图表、游戏等鲜活的形式得以呈现，随时可以刷新，随时可以查看。

其次，改变偏向教师主导的评价视角，追求评价中儿童的主体性。以后，孩子的主观意愿将借助个人页面的设定和录入得以彰显，在多样化的评价行为中，孩子可以真正参与到对自己和对他人的评价之中，展现出的将不是千篇一律的评价模式，而是带有儿童个体特点的评价样态。

再次，帮助教师更贴近儿童，更好地去理解儿童。随着平台信息的不断丰富，教师可以借助云平台的统计分析从更多的维度了解学生的学业水平、个性特征等指标。它能帮助教师透过分数，清晰地看见一个个鲜活真实的生命。而更有价值的是，这些数据将为教师的研究提供数据分析的依据。

最后，儿童的"电子档案袋"可以借此项目更好地实现。除了孩子的学科成绩、习惯养成外，每个孩子的成长历程都可以借助云平台得以记录、储存和整理，这将使孩子未来的童年生活拥有更为科学、丰富、鲜活的实证积累。

回顾立贤这一探索，一路相伴走来，更加坚信他们的这一研究是一条开阔的道路。因为眼中有儿童，才能设计出适合儿童的教育模式！尊重儿童成长的内在规律，儿童自身也具备主观的向上意愿和旺盛的求知欲，这样儿童才具有蓬勃发展的内驱力。在逐步的推进与研究中，着眼儿童天性中的自主成长力，在适度范围内营造适合儿童的"教育空白区"，摒弃束缚儿童率性发展的外在影响，以新技术手段带给儿童多样化的学习体验，相信能实现儿童的"真"成长！

吴永军 南京师范大学教育科学学院博士、教授、博士生导师。教育部基础教育课程改革南京师范大学研究中心常务副主任，教育部基础教育课程教材专家工作委员会委员，曾任中国教育学会教育学分会副会长。

Foreword 2
序（二）

  在互联网已深入人心的当下，大数据、云平台等信息资源对教育领域不断进行着冲击。移动互联网技术的飞速发展，对教育教学的影响已经日趋深化，教育资源、学习环境、学习方式都在发生深刻的变革。"互联网+"的新概念，也驱动着传统学校教育教学结构进行深刻的变革。

  如何穿越空间、时间、教材、教师等教育的边界？如何突破这些禁锢受教育者更加全面发展的藩篱？这是当代教育改革和课程改革面对的重要问题。互联网技术的快速发展，为打破现代教育的僵化模式提供了可能。

  南京市立贤小学借助云平台技术的不断创新，突破传统的学生成绩单的限制，为孩子每一天的成长乃至终身发展，带来了新的希望。他们正在研究的江苏省前瞻性项目"借助云平台激励儿童自主成长的实践探索"，正是饱含着解决上述问题的期待诞生的。不仅授课可以通过网络这一新型方式进行，学业的评价也可以借助网络科技实现，进行大数据的挖掘和学习能力倾向的分析，从而更好地发现学生的天赋，让学生更加科学、合理地认识自己，更好地规划人生。教育是面向未来的事业，"互联网+"代表着未来全新的生活方式、生产方式及社会形态变化的趋势,这是不可阻挡的时代发展趋势。

该平台的研究,基于信息网络、多媒体技术,以声音、图像、影像等直观、生动的形式创设生活情境,使学生身临其境、激发情感。南京市立贤小学与南京微研网络科技有限公司联合,重点打造云平台版本,细化评价体系,完善评价功能,扩大评价主体,关注评价过程,使得孩子在小学六年间的综合素质发展都能记录、体现、反馈在这一云平台之上,平台数据在手机端和电脑端共享。

据我所知,南京市立贤小学的教育一直伴随着人工智能信息化的飞速发展而不断革新,学校高度重视信息化教育手段在教育教学中的应用,其中推进校园管理信息化就是一项重要的变革举措。

南京市立贤小学提倡素质教育,学生在学习文化知识的同时,掌握其他各项本领,成为德、智、体、美、劳全面发展的好少年。南京市立贤小学高度重视学生习惯的培养,因为他们深知良好的习惯是人生的幸福之基,良好的习惯有利于培养良好的品质。教育家叶圣陶先生说过:"教育就是培养习惯。"任何好的习惯,都要从小养成,并且需要良好的品格作基础。只有养成好的习惯,具备良好的品格,才能像树木一样,经得起风雨的考验。

相信南京市立贤小学的云平台在全球教育趋势的大环境下,会有更为广阔的空间。相信在"用明天的趋势教育今天的孩子"这一理念的指引下,该项目能更好地为孩子的未来提供生长的"驱动力"!

孙双金 情智教育创立者,现任南京市北京东路小学校长。语文特级教师、中学高级教师。曾荣获"全国师德先进个人""全国首届十大明星校长"称号。其自成一派的"情智教学与四小课堂"在全国广有影响。

Preface
前言

2011年，在一篇文章中我们看到金融大鳄索罗斯说"赚钱就是赚趋势"，于是想，教育何尝不是面向趋势呢？

"用明天的趋势教育今天的孩子"作为我们的课程理念，时时提醒我们：不仅要为今天，更要为16年后的需求而教育。这里的"趋势"既包含孩子自身的身心发展趋势，也包含自然和社会环境的发展趋势。因此，我们的教育一方面要尊重儿童身心发展的规律，呵护生命，舒展心灵；另一方面要适应自然和社会发展的趋势，应对需求。

于是有了这本拙作——《用明天的趋势教育今天的孩子——借助云平台激励儿童自主成长的实践探索》，并将此书名作为2018年江苏省基础教育前瞻性教学改革实验项目"借助云平台激励儿童自主成长的实践探索"的结题报告的标题。

2013年，我们开始探索实践"相长教育"。"相长"即在交互中相互作用，共同发展。"相长教育"即面向未来、与万物相长的教育。"相长教育"倡导面向未来，从未来回看现在，再影响未来，只有面向未来的趋势，才能做好现在的教育;"相长教育"倡导与万物相长,即人与自然相长,人与社会相长,从天地万物汲取营养和能量,也给予万物滋养,师生在天地万物交互中相互作用,共同发展。

未来十年,显见的大趋势是扑面而来的人工智能,教育该如何应对?我们提出,学校无围墙,课程跨学科,课堂更开放。

新冠疫情迫使全世界的学生一度离开校园,选择线上学习,这让我们明白,校园可以不是学习的唯一地方,课堂面授可以不是主要的教学形式。人类不断进化的学习能力,不以地点的变化为转移。

校园无围墙当然不是物理的围墙,而是心理的围墙。任何学习进行的地方就是校园,任何促进学习进行的资源就是教育资源。家庭、公园、博物馆、电影院、网络空间、心灵空间、宇宙空间等都可以是孩子学习的校园。

"借助云平台激励儿童自主成长的实践探索"项目,不仅是一个云平台,也是一个家校和社会共育的互动平台、一个具有激励功能的动力系统、一份智能素质报告书、一个成长档案袋、一个孩子成长的教育资源。其中包含了很多家长参与、家庭成员互动的内容,记录了孩子在学校、家庭、社区等的成长经历。

课程跨学科突出的是学科整合及课程综合。相对来说,我校分科课程做得比较成熟,较弱的是跨学科课程。面对已经到来的人工智能(AI),我们主张和 AI 相长,不去和 AI 比拼人的劣势,如计算、记忆、检索等,而去培养人的优势:一是创造能力;二是体验和基于体验的反应能力,包括情感能力;三是综合知识的掌握和运用能力等。这些优势凸显了人类独有的综合素养,与跨学科课程高度关联。

2019 年 8 月,我校启动了为期三年的跨学科课程建设,分为三个层次:

第一层次,以 STEAM 课程、少儿编程课程为牵引;第二层次,以电影、博物馆、"习惯树"评价、礼仪、珍爱生命行路等现有的课程为主要路径;第三层次,以语、数、外等传统分科课程中的跨学科元素的整合为辅助路径。"借助云平台激励儿童自主成长的实践探索"项目包含了孩子跨学科课程的学习过程和评价。

更加开放的课堂在主体上不但突出以儿童为中心,而且强调每一个儿童都是驾驭课堂的主角;更加开放的课堂在教学内容上不但做到儿童适性,而且做到个性化和无边界；更加开放的课堂在教学形式上不但鼓励多元互动，而且突出交互作用。

我校的"相长教育"来源于教学相长，升华到与万物相长。"相长"课堂要求师生之间、生生之间、生本之间、课堂内外、线上线下，所有的课堂元素围绕孩子的发展交互作用，相得益彰。"借助云平台激励儿童自主成长的实践探索"项目，为立贤的每一个孩子设立了个人主页，主页包含了"习惯树""兴趣特长""学科成长""过关考级""难忘瞬间"等模块，当孩子进入主页，就进入了自己的网络课堂，所以，云平台项目本身就是激励孩子自主成长的教育资源。

用明天的趋势教育今天的孩子，需要一只优秀的教师队伍。近 8 年来，我校培养了区级以上骨干教师 22 人，如今又有特级教师、市学科带头人和教坛新秀加盟，平均年龄 32 岁的立贤团队正显露出勃勃生机。

2020 年 9 月，建筑面积 1 万余平方米的扩建工程竣工，现在的南京市立贤小学，站在新的发展起点上：我们有新校舍，我们是新名校，跨学科课程建设已经在路上，名师队伍正在成长。

面向未来，与万物相长，立贤学子，天天向上。

Contents 目录

第一部分　价值追问
——探索云平台与儿童自主成长的密码

第一章　儿童视野：如何激励儿童自主成长　　• 002
第二章　教育中的云平台　　• 004

第二部分　走进云平台
——借助云平台激励儿童自主成长的理论体系

第一章　揭开它的面纱：什么是云平台　　• 008
第二章　回顾：我们已经做了什么　　• 010
第三章　任务驱动——我们的行动路径　　• 012
第四章　激励儿童自主成长的"附加效能"　　• 017

第三部分　云平台三大支持系统

第一章　借助云平台激励儿童自主成长的技术支持系统　　• 020

第二章　借助云平台激励儿童自主成长的评价支持系统　　● 024

第三章　借助云平台激励儿童自主成长的教师支持系统　　● 028

第四部分　实施历程

第一章　采访实录　　● 032

第二章　云平台使用情况调查问卷分析报告（教师问卷）　　● 034

第三章　云平台使用情况调查问卷分析报告（学生问卷）　　● 039

第四章　云平台使用情况调查问卷分析报告（家长问卷）　　● 045

第五部分　且行且思

第一章　教师篇　　● 052

第二章　学生篇　　● 091

第三章　家长篇　　● 099

第六部分　社会视角

第一章　立贤小学前瞻性项目
　　　　参展第四届中国教育创新成果博览会　　● 112

第二章　助力学生自主成长
　　　　看南京市立贤小学打造的智能化云平台　　● 115

第七部分　困惑引领前行

第一章　从未来回看现在　　● 122

第二章　寄语　　● 126

后记　　● 129

part 01
第一部分

价值追问
——探索云平台与儿童自主成长的密码

Chapter 1
第一章

儿童视野：如何激励儿童自主成长

用一双"儿童"的眼睛看世界，会让你认清教育现象背后的本质，拥有更为科学、理性的力量。儿童，是有别于成人的独立个体。心理学家弗洛伊德指出，"儿童时期是每个人一生中最重要的时期，童年对环境中的人、事或物的体验，多半影响成长后的生活方式"。由此可见，儿童时期，对于整体的人的发展具有非常重要的影响。

我们的学校教育该如何从儿童发展的角度去实现理想的教育，提供适切的教育体系，营造个性化的学习场域，对孩子的终身发展产生积极的影响呢？

当下，以学为中心的课程改革进入深水区，更加要求教育要站在儿童的角度，用儿童的视野了解其自身需求，尊重儿童成长的自主性与自然性，遵循儿童成长的自然规律，把儿童当作一个完整的生命个体，针对儿童在学习生活中出现的问题，设计和调整教育方案。最终，儿童已有的知识经验得到再现，学校对儿童进行观察和了解，并进行相应的指导，使其能够发展能力，锻炼意志，体验到经过努力获得成功的喜悦，增强勇气和信心。

未来是属于儿童的，儿童未来的路要靠他们自己去走，未来的生活要靠他们自己去创造。用儿童的视野来看教育，才能从真正意义上激励儿童自主成长，为其各种能力的培养提供辽阔的天地。

但在实际践行中，有其现实障碍。更好地认识这些障碍，则有助于更好地激励儿童自主成长。

1. 关于规律

约定俗成的现有规律是从众多个体经验归纳出来的，教育者因此就会普遍认为其具有真理价值。但是别忘了，每一个儿童都是一个生命个体，抽象出来的规律是很难再用到儿童身上的。每一个个体会有自己的发展规律，教育者和家长们真正要尊重的是这个个体规律。事物总有其辩证统一性，学习儿童规律，但不被其束缚，认识规律的意义在于让人们更好地了解过去与未来。了解普遍规律是为了更好地尊重个体的规律，以促进儿童更好地成长。简单来说，了解儿童才能发挥其主观能动性。《道德经》曰："故常无欲，以观其妙；常有欲，以观其徼。"以把握规律为前提，以儿童为中心，可以更好地激励儿童自主成长。

2. 关于完整

尊重个体生命的完整性很重要，但完整性的关键不在于全，而在于系统性。一定程度上，把儿童当作一个完整的生命个体对有教育经验的教育者来说是有难度的。看不到生命完整性的成人容易思维碎片化。比如，大人们总爱分析一个孩子的优缺点，而且比起谈论优点更爱谈论缺点。以项目为基础方式而实现个性化激励，正是要做到接纳儿童的优点与缺点，激励其自我完善。因为自我完善是人的本能欲望之一。要摒弃外在表现，转而关注儿童的整个世界，尤其是儿童内在的成长，促使其找到自我，才能从真正意义上激励儿童自主成长。

Chapter 2
第二章

教育中的云平台

当今世界,面临着百年未有之大变局。

当前,网络信息正在改变我们传统课堂的育人方式,学界提出了一系列新的课题:"互联网对我们的教育生态起到了何种冲击?""如何最大限度地实现学、减少教?"……当我们针对这一系列难点和热点问题进行研究并改进的时候,会体会到自我提升的幸福。

新的挑战更能彰显我们的教育情怀,激发我们的教育智慧,我们所要做的是在行动中不断地赋能成长。未来教育环境应该是人文化、生态化、智能化的;未来化教育的课程应该是多元的、可选择的,能满足学生的个性化需求;未来化教学方式应该是以学习者为中心、师生共进的;未来儿童的学习方式应该是自主的、自觉的、随时随地的。未来化,是对传统学校的革新和突破,是对数字化社会及当代中小学生发展需求的关注。基于此,尝试探索"数字化信息技术"与"儿童自主成长"之间的关系,破解其相互关联的密码,成为摆在我们面前的一大挑战。

"利用信息技术促进教育变革"的观点已得到普遍认同,近年来各国教育教学改革实践都日益彰显信息化的重要性。从更大范围来看,信息化带来的对生活、学习、工作的影响却是全方位的；反过来，其必然要求教育要适应这种变化。

1. 技术与教育的关联，是深度融合，而不是简单叠加

站在早期远程教育、网络教学等开放教育先驱的肩膀上，信息技术对教育变革的最深层的作用就是继续将"公平""开放""共享"的教育观念深深扎根在人们的心中，为未来教育生态的重塑形成了社会共识，其对教育变革的积极作用也是不容否认的。这也让人们相信：学习不一定要完全在学校和教室中进行，而是存在更多创新的可能。

2. 教育的本质还是服务于人

人的价值需要通过教育来实现。云平台技术运用于教育，会碰撞出怎样的火花？这还应该回归到教育的本质上来。教育的本质是帮助学生成为一个全面而有个性、适应未来社会发展的人。而未来教育应该是适合个性发展的教育，能够更加适应学生学习模式的教育。我们研究的教育中的云平台则是以激励儿童自主成长为前提的技术实践。通过云平台技术中的大数据、人工智能技术等信息手段，升级学习的生态。

邦克博士说："技术通过促进一个人人平等的知识狂潮而发挥着核心作用，在这个知识狂潮中，学习既是开放的，也不受班级与课表的限制。"技术革新带来连锁效应。

生长在学生的内心中，面向未来的前瞻体系，或许可以提出"跨边际的学习"：学科边界—人际边界；家庭世界—全球世界。通过思维方式的变革及学习方式的重构，培养面向未来的人，重构学校文化。

part 02

第二部分

走进云平台

——借助云平台激励儿童自主成长的理论体系

Chapter 1

第一章

揭开它的面纱：什么是云平台

数字化时代已经到来，"互联网+"的思维改变了每一个中国人的生活。面对网络"原住民"的儿童，拥抱新技术革命是时代对教育的新要求，它要求我们跳出教育经验领域，俯瞰新技术时代的社会发展与未来趋势，审视教育的变革方向，让儿童享受数字云媒体技术带来的快乐的、互动的、成长的滋味。

在互联网已深入人心的当下，大数据、云平台等信息资源对教育领域不断进行着冲击，新技术的智能化、大数据处理的精准性，使得教育工作者更高效、科学地研究、理解、支持儿童自主发展成了可能。这也向我们提出新的问题：如何更准确、及时地记录儿童一个阶段内完整的成长情况？如何建设一个多维度、更灵动、更便捷的成长性评价体系？基于对未来 AI 普遍存在的考虑，人类富有体验性的学习内容愈加丰富，选择愈加重要，体验性的创造思维培养也将是教育的优选项目。

教育部在《关于积极推进中小学评价与考试制度改革的通知》中强调：应当建立起以促进学生终身发展为目标的评价体系。这也启发我们：在教育者运用新技术的同时，是否应当跳出"技术驱动"的思维方式，以回归儿童本位的教育思想为先导，进而把握学生综合评价的变革方向呢？所以我们力求突破儿童体验学习和探究学习能力的培养模式,让学生自主成长的过程和结果有所体现。

基于此,尝试探索"通过内驱力培养为儿童成长助力"的思想、方法及路径,创建"一站式"的云平台,打造一个供学生、家长、教师三方使用的无边界交互平台,借助大数据与智能分析,记录、优化儿童的学习体验,给予儿童成长的建议,激发其参与学习活动的积极性和主动发展的意愿,力求创设一个自主开放、深度交互、自觉发展的超越时空的多元支持系统,激励儿童自主成长,为促进儿童的生命个体自主发展提供重要价值。

利用电脑端、手机微信端等记录学生从入学到毕业期间的全景成长经历,基于激励学生自主成长的理念,打造一个无边界互动平台,记录各学科、各年级、各阶段的数据,通过时间轴、生活空间、内容广度等方式进行展现,多维度对数据进行统计和分析,记录、优化儿童的学习体验,指导学生的生命个体成长,做到全景记录、全程跟踪、全面促进。

Chapter 2
第二章

回顾：我们已经做了什么

  2011年省级"十一五"规划课题"儿童文化视野下立贤教育的校本研究"于2015年顺利结题；2013年市级重点规划课题"'3915'习惯课程建设研究"立项，目前进入成果整理阶段；2016年"十三五"规划课题"基于网络平台的'小树苗'成长经历评价的实践研究"获得市级立项。2014年，学校编写出版的《"3915"习惯课程读本》获得南京市第一届校本德育课程优秀成果二等奖；2016年，学校编写出版的《彩墨画》校本教材获得南京市第二届校本德育课程优秀成果一等奖，此成果同时获得南京市科研成果一等奖；2017年，学校被评为"玄武区教科研先进集体"。

  2018年，学校立项省级前瞻性项目"借助云平台激励儿童自主成长的实践探索"，并成功申报立项省级"十三五"规划课题"看得见的成长——小学'习惯树'评价的研究"，围绕"学生习惯"展开深入研究。2019年至今，教师获得全国、省、市级以上特等奖、一等奖论文共20多篇；在省、市级以上刊物公开发表论文共60多篇。

  与此同时，在对南京市《我的成长脚印》展开研究的基础上，学校开发了适用于不同学生的云平台评价系统。将《我的成长脚印》中的部分内容进行了保留，并结合校本情况增设了一些项目，实现了电脑端和手机微信端的互通。经过一段时间的试点，这一平台运作取得了初步的成效。

2013年以来，学生和教师团队都在不断的研究和实践中获得了持续的发展：学生学会更加有效地自主调控自己的学习过程，而教师也在观察、记录的过程中提升了自己对于数据的分析和反思能力，教师的素养获得了形成性的增长。据不完全统计，学生个人及团体在市级以上各类竞赛中获奖达29项，在全国作文大赛中获得特等奖，在全国希望之星英语风采大赛中获特等奖和一等奖，在中国儿童中心举办的全国中小学生绘画书法作品大赛中获一等奖，等等；教师在市级以上竞赛中获奖达150人次；学校获得市级以上荣誉达32项。

江苏省教育厅领导2017年9月到我校进行调研，对我校习惯教育和特色课程给予了很高的评价，并做出重要指示：围绕促进小学生综合素质发展的研究中"小学生综合素质"这个核心，边研究，边实践，做好不同层面的规划。最终，给孩子能带得走的好习惯，让其成就孩子的一生。省教育厅、市教育局等多位领导也数次到我校进行具体、细致的指导。与此同时，各级、各类媒体也对我校前期研究项目进行了大量报道与宣传推广。

2011年至今，我校已多次在省、市、区做"指向学生综合素质发展的过程评价"等相关经验的交流与分享，受到了广泛认可与社会好评，也多次到北京、上海、广州、安徽、广西、香港等地进行宣传及交流。

Chapter 3
第三章

任务驱动——我们的行动路径

1. 整合管理资源

通过对学校现有平台的经验梳理与问题寻找，我校确立了多元的支持主体，梳理出了硬件设施、网络设备需求、软件支持、家长参与、社区资源等方面的因素，逐一进行大数据下的资源整合与管理，力求明确、适度、透明（儿童可视化），确立多元的支持主体，包括学生、家长、教师、社区等。

借助云平台激励儿童自主成长，采用智能化分析、个性化分析、精准化分析等，更准确、及时地记录儿童一个阶段内完整的成长情况，建设一个多维度、更灵动、可视化的成长性诊断和指导体系。合理化构建学校相关活动内容，激励儿童自主成长，促进儿童个体的自主发展，起到正面激励的作用。（图2-3-1）

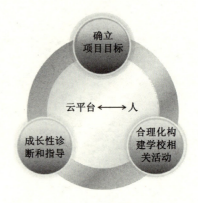

图2-3-1 云平台与个体互动模式图

2. 把握研究方向

首先，在现有基础上，打造一个供学生、家长、教师三方使用的互动平台，借助数据存储及智能分析，记录、优化儿童的学习体验，给予儿童成长的建议，激发其参与学习活动的积极性和主动发展的意愿，目前已经完成。

其次，设计一套评价支持系统。在本项目中，激励儿童成长的教育实践是主体，云平台是媒介、工具和场域，儿童的自主成长是目标。

再次，运用云平台、智能分析技术等多元激励手段，全方位发挥激励功能。以新技术手段带给儿童多样化的学习体验，为儿童的"真"成长提供源源不断的动能，目前正在全面实验阶段。

最后，培养具有较高自主成长能力的儿童。但在这一过程中，是需要把握"分寸"的，这也是重中之重。让孩子没有"管控"的感受，从而实现"激励""解放"的良好效能，才能真正让本研究成为儿童自主成长的优质教育资源。

3. 确定实践路径

在这里，实践路径不仅仅指教育中的云平台技术，还包括推进过程中的技术路径与推进路径。（图2-3-2）

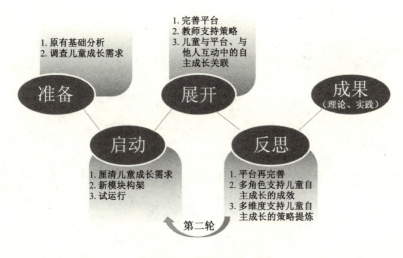

图 2-3-2　实践路径模式图

4. 采集梳理指标

在研究前期，需要开展多维度的需求采集调研。成立研究小组，在儿童、教师、家长之间广泛调研，厘清儿童自主成长所需的合理性指标，研发借助云平台激励儿童自主成长的机制，总结出儿童成长过程中培养自主发展能力所需的条件和要素，真实、充分地记录、诊断学生在小学阶段的身心发展特点，总结出经验。

在此基础上，再进行儿童自主成长指标的梳理。选择不同年级的教师参与到设计中来，重点工作是评估内容细则的选择与评估支持性策略的细化设计。此外，主体的选择与激励儿童的举措我们也将进行调研，进而明确目标。最终，拟定儿童自主成长的需求指标。

5. 激励儿童自主成长的几个切入点

对指向激励儿童自主成长的云平台进行构建，我们在研发中重在体现对话性、互动性、游戏化、场景再现等。我们以国家基础教育核心素养与课程发展为依据，初步确定三个重点建设维度，即自主发展、文化基础、社会参与，进而确定了指向激励儿童自主成长的云平台框架。

在这三个大板块下设立以下子板块："我的好习惯""我的学科吧""我的小课程""我的兴趣点""我的瞬间秀""其他指向激励儿童自主成长的空间"。

确立的子板块角度如图2-3-3所示。

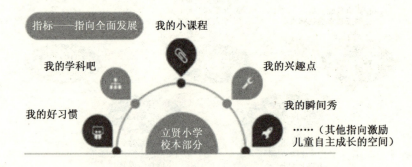

图2-3-3　子板块分布

"我的好习惯"这一板块重点关注儿童习惯的养成，儿童成长过程中的过程性记录将被纳入激励儿童自主成长的第一板块中，基于品德、生活、学习三个方面，进行多元广泛的诊断和指导，儿童自身、同伴、社区、家长、教师等都可以共同参与到对儿童的评价中。学生总结自己在习惯表现上的得失后，还可以对各方诊断进行后续自主反馈，并开展与同伴之间的再评价，达到师生评价、生生互评的正面效果。

"我的学科吧"这一板块重点突破儿童体验学习和探究学习能力的培养。在知识结构分析的基础上，根据各学科课程标准和各年级教材，关注儿童的学习体验和探究能力的培养，教师命制了适应不同年段的题库，定期观察学生是否掌握该年段的应会知识和技能，对成绩特别优异的学生则进行嘉奖。同时，能力突出的学生可以申请挑战更高级别的过关考核。在项目实施阶段，我们力求在本板块中，总结主学科的实践经验，将这一部分的内容扩大到全学科。

"我的小课程"这一部分重点结合儿童的认知风格，体现学生在学校特色校本课程中学习的过程和结果。在儿童成长性评价体系中，我们不仅记录学生在校本课程学习过程中的表现，引导其对自己的生活经历进行再思考，也注重培养学生的自我感知和自我激励能力，让学生评判出自己最感兴趣的课程，对下一阶段提出自己努力与改进的方向。

"我的兴趣点"这一板块指向学生未来发展的多种可能性，分为"发现兴趣""培养兴趣""培养特长"三个部分。基于体验性的创造思维培养将是教育的优选项目。学生在课程学习兴趣班、校内社团活动和校外的社会实践过程中，逐步发现自己的兴趣爱好，教师会对学生特长的发展提出指导性建议，并及时记录在"教师建议"栏目中，力求尽可能为学生的个性化发展提供更为广阔的空间。

"我的瞬间秀"这一板块专门用来记录孩子本学期内发生在自己身上的让自己记忆深刻的事，数量不限，可以是开心的，也可以是悲伤的。尽可能为学生的个性化发展提供必需的教师支持，因为每个孩子的记忆和体验都是独特的，这些精彩的成长瞬间，值得纪念，也值得被记录。我们也鼓励将孩子成长过程中这份独特的记忆用照片、视频、音频、文字等形式记录下来。我们认为，每个孩子的记忆和体验都是独特的，如果他成长的过程被记录下来，那将是孩子一生最宝贵的财富之一。

此外，预留"其他指向激励儿童自主成长的空间"。在本项目的体系建设中，依托云平台的建设，除了其他几个子板块外，我们还为儿童自主成长预留出足够的空间，打造一个无边界互动平台，旨在借助此平台，激励儿童自主成长，使儿童天性得到发展。

6. 打造教师支持系统

探索借助云平台激励儿童自主成长的教师支持系统，促进我校教师树立科学的教育质量观、育人观和评价观，坚持以儿童为本的理念，采用科学、多样的方法引导和帮助学生自主成长。营造有利于素质教育实施的良好社会环境，为学生健康发展提供支持和帮助，具有个性化、校本性，更具有创新性。本项目的推进将伴随学校的发展不断获得新经验、新成果。

在研究过程中，教师可以进行过程性诊断与多维度评价，不仅可以在纸质材料上留下痕迹，还可以通过电脑端和手机微信端，在学生的个人主页上进行记录。在每个班级中设置终端上传平台，每日的天天比数据、每周的流动红旗情况、每月的习惯考评联系单和学生突出的习惯养成行为表现，都可以及时上传，只要定期刷新学生的个人主页，家长和学生就能看到阶段内习惯养成行为表现。

此外，教师对学生的实践成果进行记录，提出对学生的发展建议，形成一种将积累、实践和指导相结合的有机联系。

Chapter 4
第四章

激励儿童自主成长的"附加效能"

孩子小学六年的生活不仅仅是考试成绩和等第,还有难以忘记的回忆。借助平台的云存储系统,就能以多种形式记录孩子在小学六年间难忘的事,在孩子毕业之后,借助后台生成一本精美的"童年相册",这将是馈赠给孩子的一份最佳礼物。每个孩子都有自己的学科优势,他们可以结合自己的实际情况,在平台上将学科优势彰显出来。学科教师将根据不同孩子的不同特点给予针对性的发展建议,为孩子的多元发展提供可能性。

1. 赋予儿童一种激励性的温暖回忆

儿童的发展是自主的,也应当伴随着温暖快乐的回忆,这能够让儿童看到更好、更真实的自己。

教育者必须以发展的眼光看待儿童,力求体现儿童在某个阶段所取得的进步和发生的变化。本项目中的儿童就犹如一棵小树苗,从发芽,抽枝,长高,长出一片片树叶,再到长成一棵参天大树,这是一个自主发展的过程。每个学生只要打开自己的个人主页,就会看到一棵可爱的小树苗,每当学生取得进步时，教师、家长甚至学生自己就可以点击后台或扫描二维码，为自己的小树浇灌养料，让它长出一片小小的树叶。经过一学期逐周逐月的浇灌，学生的小树就会长成一棵茂密的大树，经过小学六年的积累，这棵大树就可能变成一片森林。

2. 找寻一些激励儿童自主成长的资源

在未来的研究中，我们不仅要将学生的点滴发展体现在纸质材料中，更要借助网络平台实现评价的精细化和互动化。这一平台是一种资源，传递儿童自我的发展，并形成及时的对话。

为了实现这一目标，在设计这套评价体系时，需要体现儿童在某个阶段所取得的进步和发生的变化，能够通过这一体系的使用，完整、动态、发展、直观地评价学生，为其发展提供有效的帮助，促进儿童的自主发展。

可以说，电子记录的形式不仅将学生阶段内的表现以动态形式记录下来，给予学生更及时的成长评价与互动反馈，也为学期末对学生的综合评价提供了更全面的依据。以积累、实践和指导相结合的形式，有效改善传统评价结论式的缺点，真正模拟出孩子在各方面的发展变化，促进儿童的终身发展和自我提升。

3. 追求一种更有效的教育领域云平台

顺应时代的发展要求，才是在新环境下小学教育的管理者不断更新教育管理理念、真正促进儿童自主发展的需要。它有助于推动儿童的终身发展，以及促进在小学教育管理一线的教师改进教育技术手段，优化教育环境和育人效果，为儿童自主发展、终身发展创造更为优良的条件。

当然，我们需要意识到，教育研究的根本指向的是孩子综合素质的发展。儿童发展的阶段性和不平衡性同时启示我们，应当从多元化的角度来理解孩子，以发展的眼光来评价孩子。教育者也必须以发展的眼光看待儿童。

根据儿童自主的发展变化，所有教育的研究内容也将进行相应的修改和优化。这实际上是教育类研究的一个难点，如果能够顺应儿童发展的阶段性和不平衡性的特点，及时对云平台的相关资源进行整合，则能真正提高这一体系的有效性和利用、推广的价值。

part 03
第三部分

云平台三大支持系统

Chapter 1
第一章

借助云平台激励儿童自主成长的技术支持系统

1. 自主发展类

"习惯树"部分，每个儿童都拥有自己的"习惯树"和"习惯森林"。重点研究三大类习惯——品德习惯、学习习惯、生活习惯。

前期，由教师和学生共同筛选出得到广泛认可的习惯养成操作要点作为本部分的主要内容，层层依托，组成我校习惯养成教育的主体。任课教师和班主任在日常的学习和生活中从品德、学习、生活三个方面对学生进行过程性评价。

评价的形式主要分为两种：其一，教师通过电脑端或手机端后台加分；其二，任课教师和班主任发放印有二维码的习惯养成卡，家长用微信扫描二维码进行加分操作。随着儿童日常积分的不断增加，"习惯树"逐步成长为"习惯森林"。"习惯森林"越来越辽阔，越来越茂盛。

班级内可以设立积分排名榜，从中可以看出学生目前的状态。每当孩子的班内排名有进步时，系统在孩子登录时出现"加油""你今天进步了×名"等鼓励性的语言。同时开设评价功能，由教师、家长、儿童三个维度进行每月评价及期末评价。

孩子在日常培养习惯的同时,见证了自己的"习惯树"慢慢成长的过程,这对他们来说无疑是最具吸引力和激励作用的。所有评价在云平台上不以成绩呈现,而以"笑脸"形式取而代之。我们认为,习惯养成没有好坏之分,笑脸评价是最贴合儿童自主成长特点的评价。"习惯树"评价体系关注学生发展的全过程,对学生发展给予实时性和阶段性的记录,从而实现对学生成长经历过程性评价的综合评价。

"兴趣特长"部分,我们鼓励孩子把自己的兴趣发展为自己的特长。家长在手机端上传学生的获奖证书,由各任课教师对学生的兴趣和特长给出建议性或鼓励性的评价。

2. 文化基础类

"过关考级"部分,每学期每个年级每个学科都会有相应的过关考级项目,而这些过关考级项目是每个学生所要参与的。每次过关考级也是一次学科竞赛,所以会公布该次考级的获奖情况,也是为了鼓励孩子进行跳级考核。例如,就读五年级的学生,如果觉得自己的英语口语已经达到了六年级的考级水平,则可以报考六年级口语考级。这对孩子来说,是一次意义非凡的经历及激励。

"学科能力"部分,教师在电脑端录入学生的考试成绩,操作便捷。家长则可在手机微信中收到有关学生考试成绩的信息。同时学生的考试成绩会以曲线图形式呈现,方便家长通过与班级均分的对比,掌握孩子近期的学习状况,而一学期的学习情况也可以一目了然。

"校本成长"部分,将依托我校的10门校本课程,学期末各任课教师上传孩子本学期相应等第,达到激励儿童成长的作用。

3. 社会实践类

"难忘瞬间"部分,打造属于孩子的"朋友圈",家长可以使用手机端通过文字和照片记录下孩子在成长中的难忘瞬间,一点一滴地形成孩子整个小学阶段的成长记录。整个云平台中的数据基于云存储技术,家长可以在孩子小学毕业时将其打印并装订成册,或者下载电子文档,给孩子一份最好的"成长礼物"。

附：技术支持系统板块说明

× 过关考级详情 ⋯		
2017—2018 学年第 2 学期		☰
小学语文		
朗读	通过(4级)	未获奖
写作	通过(4级)	三等奖
写字	通过(4级)	未获奖
阅读	通过(4级)	一等奖
小学数学		
计算	通过(8级)	二等奖
口算	通过(10级)	未获奖
小学外语		
语法	通过(4级)	未获奖
口语	通过(4级)	一等奖
词汇	通过(4级)	未获奖
听力	通过(4级)	一等奖

过关考级

学科能力

难忘瞬间

兴趣特长

第三部分　云平台三大支持系统

习惯树

校本成长

Chapter 2
第二章

借助云平台激励儿童自主成长的评价支持系统

以促进、激励、童趣为原则,在实践中不断摸索能促进儿童成长的评价方式,适合儿童的才是最有效的,同时,逐步完善儿童成长性评价体系。

在逐步实施的过程中,实现映照式的评价记录,孩子、教师和家长能借助此评价体系合理记录孩子自身的发展,参与互动及反馈,积累实际使用的经验,并留下问题和思考。这种多元化主体的评价,让学生不再是被动地被他人评价,家长不再是学校教育的旁观者,家校共同关注学生习惯养成的点滴变化,借助网络直观、动态的形式引导学生逐步学会自我认识和自我教育,养成良好的行为习惯,不断促进自身全面健康发展。我校结合校本情况增设了一些项目,实现了电脑端和手机微信端的互通,取得了初步的成效。

1. 云平台的功能分析

在云平台技术的支持下,评价数据可以通过数据、图表、游戏等鲜活的形式得以呈现,随时可以刷新,随时可以查看,实现评价的即时性与可视化。

以习惯课程为例,在平台上做了形象化、儿童化的设计。我们在每个孩子的个人页面上都栽下了一棵可爱的小树苗。孩子刚入学时，他是刚刚萌芽出土的小树苗；而随着班级、学校、家长和朋友对该生习惯养成的评价、点赞，他的小树苗会得到"阳光""雨露""养料"的滋养，会长得愈发繁茂；等到了六年级，小树苗长成了参天大树，乃至一片茂密的森林。在这一过程中，孩子每天都可以登录平台，刷新数据，实时掌握。这样一来，孩子的成长变成了直观可爱的动态图片，成了一种"看得见"的生命历程。

而在实现了数据互通后，孩子还可以看到其他朋友的"小树苗"并进行点赞，教师在把握学生的习惯养成时，也能够根据不同的数据进行比对，从而做出更准确的评定。

此外，以往分数接近的，成绩单上也许会得到相同的评价"优"，而在云平台中，通过对具体分项数据的录入与计算，教师可以准确地把握不同孩子的失分原因和成绩走势。基于平台的数据由系统进行精确的分析，为教师的个性化辅导提供了依据，也能更好地协助教师改进、完善教学过程。

基于校本常模进行学业诊断与数据分析，并且随着校本常模的扩大和平台信息的不断丰富，教师可以借助云平台的统计分析，从更多的维度了解学生的学业水平、个性特征等指标。平台帮助教师透过分数清晰地看清楚一个个学生。而更有价值的是，教师的研究基于这些数据。

除了儿童的"学科能力""习惯养成"外，每个生命个体的成长历程都可以借助云平台得以记录、储存和整理，为全科育提供大数据的实证支撑，这将使孩子未来的生活拥有更为科学、丰富、鲜活的实证积累。每个学生都有自己的兴趣爱好和发展倾向，当学生的学科优势逐渐彰显出来，云平台的分析数据也会相应地显现。此时，学科教师就可以因人而异地给予针对性的发展建议，为学生未来的多元发展提供有价值的参考和支持。

在传统评价中，学生在小学六年留下的仅是一些数据记录。而借助网络云存储的支持，学生就能以文字、图片、音频、视频等形式记录他们这六年间难忘的事件。综合评价体系的创立能够促使学生除语文和数学之外，同样重视英语、美术、音乐、体育等科目。学校也会举办一些有意义的多样化的活动。把在科目上及活动中的表现都记录在学生的成长记录册中，不仅是对孩子全方位发展、积极发挥想象力、培养动手能力的激励，也是孩子成长轨迹很好的记录和证明。

另外还有一点，借助云平台的评价功能，实现评价主体的多元化。改变偏向教师主导的评价视角，追求评价中的儿童主体性。在平台研发中，学生的主观意愿将借助个人页面的设定和录入得以彰显，在多样化的评价行为中，学生可以真正参与到对自己和对他人的评价之中，因此展现出来的将不是千篇一律的评价，而是带有儿童个体特点的评价样态。儿童能得到的评价将不仅仅是关于考试方面的，当儿童将自己的优异表现展示在平台上，其他的评价者都可以为其点赞，从而激发儿童追求卓越的内驱力，培养孩子的荣誉感。

2. 云平台的测评标准与要求

根据原始数据分析，进行分类处理、采集与评价，并将相关数据进行关联，评估过程及结果，对儿童一定阶段内的成长过程进行评价。云平台将儿童一定阶段内在校的表现以各子板块的形式呈现，主要测评标准和要求可依据特定情况做调整。

"习惯树"部分可定期更新，由教师、儿童、家长、同伴作为评价主体共同参与，以笑脸评价的方式呈现。如每月评价更新一次后，期末可生成整个学期该儿童习惯养成的情况。任课教师及班主任在日常学习和生活中从不同维度对儿童进行过程性评价，孩子的"习惯树"和"习惯森林"逐渐成长。

"难忘瞬间"部分，家长可以通过手机端以文字、照片、视频、音频等方式记录下孩子在成长中的难忘瞬间，一点一滴地形成孩子的成长记录。部分学生可以自己上传图片、音乐、视频等多种素材，同时能看到同班同学上传的素材，营造班级互动的环境。

"学科能力"和"校本成长"的呈现与评价可以通过平台的数据管理功能实现，可将儿童各个学科每次的学科评价输入平台，通过学科成绩及校本成绩进行查看。校本课程主要包括读书行路、彩墨画、电影课程、礼仪课程、数感训练、网络作文、"3915"习惯课程、尤克里里、竖笛等科目。校本成绩以学期为单位，以等第形式呈现，教师对成绩评价前为灰色，评价后变为正常颜色。每门学科前加设与课程内容相对应的图标进行展示。

"兴趣特长"板块，将儿童的兴趣和特长分为作品（上传形式包括图片、音频、视频等）和获奖证书两部分。家长可以通过手机端上传孩子作品和获得的各种获奖证书，在上报兴趣和特长的相关材料后，系统自动推送给本班相应学科的任课教师，由教师进行审核，各科教师根据自己对应的学科可以给学生的作品或证书点赞，并对学生的特长发展给出指导性建议。

"过关考级"则可以展示每个年级相应的过关考级项目。每年每个学科有其相应的等级，这个模块可以将学生当前所有学科的等级呈现出来。教师可以在后台简单、快捷地把儿童当前的等级考试情况汇总上去，并且公布该次考级的获奖情况。教师在录入过关考级成绩时可以选择科目、考级项目、级别。语文学科的过关考级项目有朗读、阅读、写字、写作；数学学科的过关考级项目有计算、口算；英语学科的过关考级项目有词汇、语法、口语、听说。每次过关考级按每班获奖人数比例设置获奖名额。

3. 云平台的开发要求

作为全面记录、激励学生自主发展的评价系统，平台运行中若出现故障，将直接影响学校对学生的评价和激励工作的正常开展，所以平台必须具有较高的稳定性和可靠性，以便使用、维护、升级等。

平台还应具有易操作和易维护的特性，操作应尽量简单、方便，界面友好，使教师、学生、家长易学易用。

考虑到平台的信息安全，平台在应用中应具有严格的权限控制。对于不同的用户，应区分出权限，并仅按照权限提供相关功能服务，拒绝未被授权的人员访问、篡改数据信息。

除此以外，云平台还应遵循相应的信息标准，进行规范化操作。这是整个国家教育管理信息系统建设的基础，若信息不规范，就谈不上信息交流和资源共享。为此，在平台开发过程中必须严格按照国家和教育部颁布的相关标准和规定实行。

第三章
借助云平台激励儿童自主成长的教师支持系统

1. 开发多样化的激励方式

教师在使用云平台的过程中，可以进行有趣的、适合儿童的激励方式的开发。本云平台在研发中重在体现对话性、互动性、游戏化、场景再现等。

2. 跟进学科学习指导

平台旨在为教师的个性化辅导提供科学依据，能帮助教师更好地改进、完善教学过程。以基于校本常模的个性化辅导为例，今后在面对两张分数接近的试卷时，通过借助后台对具体分项数据的录入与计算，教师可以准确地把握不同孩子的失分原因和成绩走势，为个性化辅导提供依据，进而改进教学过程。另外，还可以更精准地了解儿童个体的兴趣爱好和发展倾向，进而给予针对性的发展建议。

在整理出具体的指标之后，进行诊断指导策略的研究，以促进、激励、童趣为原则，在实践中不断摸索能指向激励儿童自主成长的空间，因为只有适合学生的才是最有效的。

在逐步实施的过程中，实现映照式的过程性记录，孩子、教师和家长能借助此云平台合理记录孩子自身的发展，参与互动及反馈，积累实际使用的经验。

part 04
第四部分

实施历程

Chapter 1
第一章

采访实录

十几年来,我们一直致力于激励儿童自主成长改革的探索。当本云平台电脑端、手机端实现架构后,我们与试点班级的学生、教师和家长见了面,采访了试点班级的学生、家长和教师。

采访对象一:试点班级学生
六(四)班 王秋怡 四(三)班 高子然

问:你经历了一系列有趣的变化,由最初的《我的成长脚印》到现在的云平台,你喜欢哪种形式?为什么?

(王)答:我当然是喜欢云平台,因为它就是一个电子成长档案袋,记录我们珍贵的小学阶段的点滴。

(高)答:我主要觉得云平台上的形式更加多样化,其中我最喜欢的是"习惯树"和"难忘瞬间"这两个板块。"习惯树"能随着我各种好习惯的养成逐渐长大,我觉得很有意思;"难忘瞬间"可以通过照片、音频、视频等形式把我学习和生活的片段保存下来,我觉得以后再看看肯定很美好。

采访对象二：试点班级家长
六（四）班　王秋怡妈妈　　四（三）班　高子然爸爸

问：作为学生家长，您觉得哪种形式比较好呢？

（王）答：今天我的孩子在走廊上捡起一张废纸，老师奖励他一张加分卡，他带回家后用我的手机扫一扫，"习惯树"就多了一片叶子，这样日积月累，"习惯树"就会越发茂盛。孩子获得积分卡后积极性非常高，能够更加主动地帮助别人。我感觉这个平台能够帮助孩子自觉养成很多好习惯，而且我们家长通过这个平台，可以更方便地了解孩子每天在校的表现，还能参与孩子的习惯评价。我更加喜欢现在这种云平台形式，电子化已经成为一种潮流，陈旧的形式终将被替代。电子化的反馈更加及时、全面，孩子在学校的点滴都能直观反馈出来。

（高）答：我感觉，如果学校里孩子能拿着老师给的积分卡自己给自己加分，可能更加方便快捷些，孩子也会更加积极主动些。

采访对象三：试点班级教师
五（二）班　孙晓璐老师　　六（四）班　王俊老师

问：经历了本次云平台更新的转变，您更倾向于哪一种呢？

（孙）答：大数据分析更加直观，有指向性，输入学生成绩后，自动生成同年级的水平比较分析、班级学生成绩情况分析和学生个人成绩变化曲线，一目了然，方便我们及时发现问题、调整方向。

（王）答：这种形式的操作更加方便，反馈更加及时，以前的学生期末成绩报告书是一学期填写一次，而云平台的反馈可以渗透到每天的教学中去。这个平台能帮助孩子们养成好习惯，成就孩子们的一生。

Chapter 2
第二章

云平台使用情况调查问卷分析报告
（教师问卷）

一、问卷调查背景

南京市立贤小学从建校之日起，就将"高品质的办学质量、高品位的办学追求"作为办学目标。十年来，我校致力于校本课程、习惯教育等的深入研究，开发了适用于本校的云平台评价系统。我校将《我的成长脚印》中的部分内容进行了保留，再结合本校情况增设了一些项目，实现了电脑端和手机微信端的互通。经过一段时间的试点，这一平台运作取得了初步的成效。在此基础上，2018年，我校成功完成江苏省基础教育前瞻性教学改革实验项目的申报。

二、问卷调查目的

了解云平台使用者之一——教师的使用情况，以便在以后的研究中对云平台内容、技术等方面进行调整和完善。

三、问卷发放、回收情况

本次问卷调查面向南京市立贤小学全体教师，共发放问卷71份，回收问卷60份，有效问卷60份。在回收的问卷调查人中班主任25人，任课教师35人。

四、调查结果分析

（1）对云平台，教师的态度普遍是喜欢和认可的，并且普遍认为云平台的使用是很有必要的。（表4-2-1）

表 4-2-1

问题1	选项	人数/人	占比/%
对云平台，您的态度是	很喜欢	45	75
	较喜欢	13	21.67
	一般	2	3.33
	不喜欢	0	0

情况分析：之所以教师对云平台普遍持喜欢和认可的态度，是因为我校学生和教师团队都在不断的研究和实践中，学生和教师获得了持续的发展：学生学会更加有效地自主调控学习过程，而教师也在观察、记录的过程中提升了自己对于数据的分析和反思能力，教师的素养获得了形成性的增长。

（2）教师对云平台普遍是了解的，并普遍了解云平台的具体板块和分类。（表4-2-2和表4-2-3）

表 4-2-2

问题2	选项	人数/人	占比/%
您对云平台了解吗？	非常清楚	42	70
	较清楚	15	25
	知道一点	2	3.33
	不太清楚	1	1.67

表 4-2-3

问题 3	选项	人数/人	占比/%
您最喜欢使用和查看的板块是什么？（多选）	习惯树	45	75
	兴趣特长	33	55
	过关考级	36	60
	学科能力	49	81.67
	校本成长	30	50
	难忘瞬间	32	53.33

情况分析：围绕促进小学生综合素质发展的研究中"小学生综合素质"这个核心，我校所有教师都边研究，边实践，做着不同层面的规划和操作，因而教师对云平台及其板块内容普遍是了解的，但由于教师的流动和工作岗位的调整，有个别教师存在不太清楚的情况。

（3）学校教师普遍觉得云平台的板块设计合理、清晰，操作体验方便。（表 4-2-4 和表 4-2-5）

表 4-2-4

问题 4	选项	人数/人	占比/%
您觉得云平台板块设计是否合理、清晰？	非常合理、清晰	44	73.33
	比较合理、清晰	10	16.67
	还需要改进和调整	6	10

表 4-2-5

问题 5	选项	人数/人	占比/%
您觉得目前的云平台评价系统操作体验如何？	操作很便捷	47	78.33
	一般	12	20
	不方便	1	1.67

情况分析：学校的研究团队围绕支持儿童自主成长发展这一目标，通过长期的探索、反思、研讨，初步确定4个重点建设维度：多元智能、认知风格、知识结构、习惯养成。在云平台设立以下子板块："我的好习惯""我的兴趣点""我的学科吧""我的小课程""我的瞬间秀""其他指向激励儿童自主成长的空间"等部分。基于此，操作者之一的教师普遍认为云平台的板块设计合理、清晰。另外，云平台可以通过选择笑脸、上传具体数据等方式来操作，电脑端和手机端都可以操作，因此，教师认为云平台操作很方便。

（4）学校教师普遍认为，云平台对学生的发展起到促进作用，认为对学生的学习习惯、生活习惯、品德习惯的养成都有一定程度的促进。（表4-2-6和表4-2-7）

表 4-2-6

问题6	选项	人数/人	占比/%
您觉得云平台是否对学生的发展起到促进作用？	促进作用很大	50	83.33
	没有促进作用	2	3.33
	有促进作用但不大	8	13.33

表 4-2-7

问题7	选项	人数/人	占比/%
您觉得云平台对学生哪些方面起到促进作用？（多选）	学习习惯	56	93.33
	生活习惯	46	76.67
	品德习惯	50	83.33
	无	2	3.33

情况分析：云平台的设计以促进、激励、充满童趣为原则，在实践中不断探寻能指向激励儿童自主成长的空间。只有适合学生的才是有效的。在逐步实施的过程中，实现映照式的过程性记录，孩子、教师和家长能借助此云平台记录孩子自身的发展，参与互动及反馈，这些评估都指向学生未来发展的多种可能性。

在每个班级设置终端上传平台,每日学生突出的行为表现,都可以及时上传。只要定期刷新学生的个人主页,家长和学生就能看到阶段内习惯养成的表现,这对学生是有促进作用的。

(5) 教师认为到目前为止学校的云平台操作体验很好。(表4-2-8)

表 4-2-8

问题	选项	人数/人	占比/%
您认为到目前为止学校的云平台操作体验如何?	很好	54	90
	一般	6	10
	很差	0	0

情况分析:教师普遍认为云平台操作体验不错。

(6) 学校教师在云平台使用过程中有在思考该平台新的拓展方式,但觉得不够。(表4-2-9)

表 4-2-9

问题	选项	人数/人	占比/%
您在云平台的使用过程中有没有思考该平台新的拓展方式?	没有	17	28.33
	有,但还不够	43	71.67

情况分析:教师对借助云平台激励儿童自主成长的内容、形式与功能展开了一系列的思考与实践,但云平台仍然需要不断完善,这应该是我们以后在项目推进过程中需要继续思考的问题。

(7) 教师对学校云平台的使用提出了一些建设性的要求或建议。

情况分析:教师通过实践操作,进行了思考,一些教师希望能和纸质的《校本素质报告书》结合起来,重合的部分只在一端体现,避免重复记录。希望操作更便捷是很多教师的心声。

■ 南京市立贤小学　王静

Chapter 3 第三章

云平台使用情况调查问卷分析报告
（学生问卷）

一、问卷调查背景

云平台评价系统于 2017 年在试点班级试运行后，于 2018 年在学校所有年段、班级进入全面应用阶段。2018 年，我校成功申报了江苏省基础教育前瞻性教学改革实验项目后，又对平台进行了改版。

二、问卷调查目的

了解云平台使用主体——学生的使用情况，以便调整、优化云平台的内容、技术等，我们向全校学生发放了电子调查问卷。

三、问卷发放、回收情况

本次问卷调查面向南京市立贤小学全体在校学生，共发放问卷 1 028 份，回收问卷 956 份，有效问卷 954 份。

四、调查结果与分析

1. 云平台在学生中的认可度和接受度

从学生问卷问题 1—3 的反馈来看，云平台在学生中的接受度高，学生普遍认为云平台的使用有必要。超过四分之一（25.72%）的学生每天都会查看云平台，对云平台保持高度的关注。超过81%的学生每周至少查看云平台一次，对云平台的关注程度较高。（表 4-3-1、表 4-3-2 和表 4-3-3）

表 4-3-1

问题1	选项	占比/%
对我校正在使用的云平台评价系统，你的态度是？	很喜欢	64.95
	较喜欢	23.31
	一般	11.41
	不喜欢	0.32

表 4-3-2

问题2	选项	占比/%
你大概多久查看一次云平台？	每天	25.72
	每周两次	25.88
	每周一次	30.32
	少于每周一次	18.08

表 4-3-3

问题3	选项	占比/%
你认为使用云平台是否有必要？	很有必要	25.72
	必要性一般	25.88
	没什么必要	48.40

2. 云平台在学生中的知晓率

从学生问卷问题4—5的数据来看,学生对"什么是云平台""云平台的具体板块"比较了解。其中,"学科能力"和"难忘瞬间"两个板块学生知晓率高,受学生欢迎程度最高。(表4-3-4和表4-3-5)

表 4-3-4

问题 4	选项	占比/%
你了解到的云平台有哪些板块?(多选)	习惯树	74.76
	兴趣特长	80.87
	过关考级	61.74
	学科能力	89.39
	校本成长	71.06
	难忘瞬间	81.83

表 4-3-5

问题 5	选项	占比/%
你最喜欢使用和查看的板块有哪些?(多选)	习惯树	57.88
	兴趣特长	57.56
	过关考级	38.10
	学科能力	75.56
	校本成长	49.84
	难忘瞬间	62.06

3. 学生对云平台的操作体验

从问题6数据来看,80.23%的学生表示云平台操作方便,仅0.16%的学生认为操作不方便。(表4-3-6)

表 4-3-6

问题 6	选项	占比/%
你觉得目前的云平台操作便捷性如何？	操作便捷	80.23
	一般	19.61
	不方便	0.16

4. 学生使用云平台的效果

云平台是否对学生的发展起到促进作用，是我们推进该项目的关键所在。从数据来看，超过79%的学生认为云平台的使用效果很好。59.32%的学生认为云平台对自己的学习习惯、生活习惯、品德习惯养成有很大帮助；超过96%的学生认为云平台上教师针对兴趣和特长提出的建议对自己的发展有帮助。（表4-3-7—表4-3-12）

表 4-3-7

问题 7	选项	占比/%
你认为到目前为止，学校的云平台使用效果如何？	很好	79.26
	一般	20.26
	你好	0.48

表 4-3-8

问题 8	选项	占比/%
云平台对你的习惯养成有帮助吗？	有很大帮助	59.32
	有一些帮助	36.82
	没什么帮助	3.86

表 4-3-9

问题 9	选项	占比/%
你和同学们讨论过有关云平台的某些板块吗？	经常讨论	23.63
	偶尔会	53.7
	从来没有	22.67

表 4-3-10

问题 10	选项	占比/%
你对待"习惯树"加分的态度是？	很在乎	68.01
	一般	29.74
	无所谓	2.25

表 4-3-11

问题 11	选项	占比/%
使用云平台后，你在习惯养成方面有什么变化？	进步明显	42.44
	略有进步	52.09
	没有进步	5.47

表 4-3-12

问题 12	选项	占比/%
老师针对兴趣和特长提出的建议对你有帮助吗？	帮助很大	58.68
	有些帮助	37.94
	没什么帮助	3.38

五、改进的对策

在问卷的最后一题中，学生对云平台评价系统的开发和使用提出了自己的建议。激励儿童成长的教育实践是前瞻性项目的研究主体，针对云平台目前使用中的问题，综合学生的使用体验、使用效果，我们提出以下改进对策。

1. 增强云平台界面的趣味性，优化儿童的使用体验

我们已经做了版面的优化，使用了丰富的配色、儿童化的卡通界面来顺应小学生的身心发展特点。针对学生提出的建议，我们将进一步优化"习惯树"以外的板块，使"学科能力""过关考级""校本成长"等板块更富有童趣，增强学生的使用意愿，注重学生的自我感知和自我激励。

2. 更加全方位地记录和反馈学生的学习生活

目前"难忘瞬间"板块使用的主体主要是学生及家长，可以用图片、音频、视频等多样化的形式记录，但是学生的生活是全方位的，除了家长和学生自主记录外，校园生活的精彩片段在云平台中的展现还不够。我们将丰富学生生活的记录主体，力求把每个孩子校园生活中的记忆和体验记录下来，丰富学生的成长档案，让家校共育得以彰显。

3. 增加云平台信息更新的提示

目前学生必须主动打开云平台评价系统才能看到数据的更新，这会影响学生使用该平台。我们将联系网络技术公司，在云平台数据有更新时及时推送提醒，让家长和学生第一时间查看云平台，增强平台对学生发展的激励作用。

■ 南京市立贤小学　孙晓璐

Chapter 4
第四章

云平台使用情况调查问卷分析报告
（家长问卷）

一、问卷调查背景

南京市立贤小学从建校之日起，学校就将"高品质的办学质量、高品位的办学追求"作为办学目标。为了让家校生联系更紧密，促进三方互动，开发了更加方便、高效的家校生三方互动的云平台评价系统。

二、问卷调查目的

了解云平台使用者之———家长的使用情况，以便在以后的研究中对云平台内容、技术等方面进行调整和完善，我们设计并发放了家长问卷。

三、问卷发放、回收情况

发放问卷100份，回收有效问卷98份。

四、调查结果分析

（1）对云平台，家长的态度普遍是喜欢和认可的，并且普遍认为云平台的使用是很有必要的。（表4-4-1）

表4-4-1

问题1	选项	占比/%
学校开设云平台，您的态度怎样？	很喜欢	72
	较喜欢	22.4
	一般	5.6

情况分析：家长对云平台普遍持喜欢和认可的态度，在使用云平台的过程中，学生获得了持续的发展。而家长也在观察、记录的过程中了解了自己孩子的情况，家长的素养获得了形成性的增长。

（2）对于云平台，家长普遍是知道的；通过使用云平台，近一半的家长已经非常清楚。（表4-4-2）

表4-4-2

问题2	选项	占比/%
您对什么是云平台了解吗？	非常清楚	47
	知道一点	47
	不太清楚	6

情况分析：家长在使用云平台的过程中，也是边研究，边实践，从多角度了解学生的发展，因而家长对"什么是云平台"普遍是了解的，但由于其他原因，有6%的家长存在不太清楚的情况。

（3）家长觉得云平台对学生的发展是有帮助的，并普遍了解云平台的具体板块和分类。（表4-4-3）

表 4-4-3

问题 3	选项	占比/%
您觉得使用云平台哪些板块对孩子有帮助？（多选）	习惯树	60
	兴趣特长	73
	过关考级	68
	学科能力	75
	校本成长	64
	难忘瞬间	76

情况分析：家长觉得学生"兴趣特长""学科能力""难忘瞬间"板块对学生的发展有帮助的均占到70%以上。通过云平台家长可以直观并多元感受到学生的各个方面，这能帮助学生轻松解决家校互动中很多不必要的麻烦，促进学生的多元发展。

（4）家长普遍觉得云平台的开发很有必要。（表4-4-4）

表 4-4-4

问题 4	选项	占比/%
您认为云平台开发是否有必要？	很有必要	77.78
	必要性一般	22.22
	没什么必要	0

情况分析：大部分家长觉得云平台的开发很有必要，从云平台的使用中，家长会更清楚地了解孩子，并持续关注孩子，调控学习过程，家长的素养也获得了形成性的增长。

（5）家长认为，孩子对任课教师在云平台的建议和指导很重视。（表4-4-5）

表 4-4-5

问题 5	选项	占比/%
孩子对任课教师在云平台的建议和指导是否重视？	很重视	94.44
	一般	5.56
	不在意	0

情况分析：教师在云平台对学生所获得的荣誉进行了认真的点评，对每个学生的兴趣和特长也进行了个性化的点评，在云端实现家校互动，让孩子处于时刻被老师关注中。

（6）家长普遍觉得云平台对记录孩子平时的习惯是有影响的，并认为云平台对学生的学习习惯、生活习惯、品德习惯的养成都有一定程度的促进。（表4-4-6）

表 4-4-6

问题 6	选项	占比/%
您觉得云平台对记录孩子平时的习惯有影响吗？	很有影响，能帮助记录孩子小学过程的点滴	76.74
	有影响但是不大	16.28
	没有什么影响	6.98

情况分析：云平台的设计以促进、激励、童趣为原则，过程性地记录孩子自身发展的过程，参与互动并及时反馈，家长普遍觉得云平台对记录孩子平时的习惯、促进养成良好习惯是很有影响的，家长和学生看到阶段内养成的习惯，会结合孩子自身情况共同探讨调整策略，云平台对学生有促进作用。

（7）对问题7，家长普遍认为展示的机会较少，只有少部分家长认为有很多机会展示。（表4-4-7）

表 4-4-7

问题 7	选项	占比/%
您的孩子在不同场合展示过上传的"我的荣誉"中的特长吗？	没有	34.88
	有，但是比较少	51.16
	很多机会	13.95

情况分析：家长和学生对云平台的各个项目的使用次数偏少，所以在不同场合下想到展示的机会就更少，因此以后我们要在这个项目上继续推进，借助云平台激励学生自主成长，使其成为生活中的一部分。

（8）家长认为到目前为止云平台使用体验很好。（表 4-4-8）

表 4-4-8

问题 8	选项	占比/%
为综合评估云平台以便更好地为学生服务，您认为到目前为止云平台使用体验如何？	很好	72.22
	一般	27.78
	很差	0

情况分析：家长觉得云平台方便操作，起到为学生服务的作用，帮助学生提高学习效率，激励儿童自我成长。

（9）家长对学校云平台的使用提出了一些建设性的要求或建议。

情况分析：通过实践操作，一些家长觉得能够知晓孩子在学校的表现，云平台给家长、学校与老师之间架起了桥梁，非常便捷。也有一些家长希望云平台的各个项目都能逐渐细化和全面运行，内容更加丰富，增加学生学习和生活的记录和反馈。

还有些家长错误地将云平台理解为学校微信公众号，所以接下来我们要加强对家长的宣传和云平台的使用培训，在每个板块下提供简要说明，让家长了解每个板块的用途和使用方法。随时更新，及时提示，让云平台的使用更加便捷是很多家长的心声。

■ 南京市立贤小学　叶沁

part 05

第五部分

且行且思

第一章

教师篇

"数据定向"：促进学生的发展

学校利用开发的云平台对我校儿童的成长评价体系进行合理化的构建，是一次非常有意义的尝试。2016年年底，在学校期末总结大会上，全体教师一起学习了有关儿童成长评价的几种方式。2017年5月，学校进行了第二次推广，且同步推出了云平台评价系统客户端，让教师、家长、学生通过手机端和电脑端及时地沟通学生的成长点滴。自2018年、2019年以来，全校的教师都积极参与到这项校本化研究中。在这里我根据自己使用的体验进行简单的总结，主要有以下几个方面。

1. 在线数据　反馈过程

学生的学业水平评价是教学活动中的重要环节。通过评价，可以了解学生教学目标的达成状况，检验学生的学习效果，为教学诊断、学生激励、教学决策提供数据支撑。作为学校的一名英语老师，当了解到这项前瞻性项目时，我认为与我密切相关的是学生学业水平评价。英语学科单元考是每两个单元结束后进行的一次巩固和总结,主要是利用区里统一下发的单元卷进行年级统一检测,一个学期一共有4次这样的单元考。以前我们考试结束后,成绩没有录入平台,所以学生对自己的成绩只有一个大概的印象,具体是进步,还是后退,处在班级中的什么位置,试卷中反映出的主要问题是什么,等等,学生都不是很清楚。而班级整体处于上升还是下降态势,也没有一个具体数据的呈现方式。在互联网已深入人心的背景下,这样的评价方式显然不适合现在的教育。而我们对儿童成长性评价体系的研究应运而生,正好适应这一个教育时代,体现学生的成长发展过程。

在学生进行英语学科单元考试之后,由教师登录网址 http://www.-weixiaojia.cn/wxcepClient/toLogin 进行用户和账号的输入,或者登录微信,点击教学教务,可以看到下面这样一个页面(图5-1-1)。

图 5-1-1 校园应用平台截图

点击某一个成绩记录,可以看到阶段检测的整体情况,包括平均分、最高分、最低分、优生率、及格率、低分率等(图5-1-2),并有具体成绩的分布图

（图5-1-3）。每个阶段学习结束之后，教师通过云平台随时掌握学生的学习情况，实时记录学生学习的过程性数据和结果性数据，让教师在最短的时间里，迅速地了解班级中各个成绩段的情况，及时给出反馈，全过程完整记录学生学习数据，并为全面客观评价学生提供数据支撑。云平台的评价测试数据使教师获取了英语教学成果的反馈信息，评价结果自动生成，与纸质操作相比，可大幅度减少教师工作量。通过云平台分析及时发现教学过程中存在的问题并据此对教学方法和重点做出合理的改进和调整，以达到提高教学质量的目的，同时促进教师自身不断提高教学水平。

平均分	91.09
最高分	100
最低分	16
优生率	80
及格率	95
低分率	5

图5-1-2 成绩质量分析

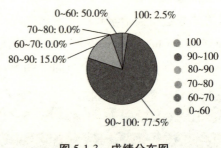

图5-1-3 成绩分布图

注：A~B表示不包括A，包括B。

2. 能力考级层层过关

过关考级赛是我校学科教学监控管理中的新举措，学校率先对英语学科进行了尝试。以学生的语言能力发展为考查点，根据英语学科课程标准和教材，我组织英语组的老师们命制了不同年段的考级试题，定期检查学生是否掌握该年段的应会知识和技能。试题主要分为口语、听力、词汇、语法、阅读这几个方面，每学期我们会对其中的两个方面进行考查。

英语过关考级赛已经进行了一个学年，每次检测的时间定在学期的最后一个月，学生在完成相应的能力检测之后，教师将数据上传云平台，成绩合格者则为通过，对英语过关考级赛中成绩特别优异的学生则进行评奖，同时，能力突出的学生可以申请挑战更高级别的过关考核。发布之后，家长们会及时收到孩子过关考级的消息。通过英语过关考级赛，学生在哪些方面学得好，在哪些方面需要巩固和补习，一目了然。学生能够在一定程度上自我发现问题，改进学习方法，以便更好地学习。他们不断认识自我，建立自信，促进综合语言运用能力和综合素质的发展。

通过云平台的使用，对小学生进行过程性评价，了解他们在一定阶段的学习所达到的实际水平，这样的方式具有诊断、激励和导向功能。建立多元、主体、开放的评价体系是我们进行前瞻性项目研究的主要目的。通过云平台的记录呈现，实事求是地对学生的行为表现予以评价，可以帮助学生认识自己，提高自我评价、自我教育的能力，使学生养成良好的学习习惯，促进学生全面、和谐发展。

当然，在今后的实际操作中，希望能够不断改进评价类别的研究，比如，在阶段成绩记录方面，能够看到学生英语学科从一年级至六年级的学情趋势图，能够呈现该生在学习中需要改进的方面，并能够进行针对性的点评。比如，在过关考级赛中，对于未能及时过关的孩子的关注和评价，也需要进一步优化。要想实现以评促学，通过考评逐步帮助学生端正学习态度，掌握学习的方法，培养独立学习和合作交流的能力，培养善于发现问题、敢于提出问题、能够解决问题的敏锐性、思维能力和实践能力，考评就不能游离在教学之外。因此考评必须将教师的教学及学生的学习融合在一起，在教学的过程中及时检查学习情况，找出学习中的问题，寻找解决的方法，促进学习质量的提高，这就是所谓的学评结合。学评结合导致评价概念的嬗变，评价不仅是一个通过收集资料来进行价值判断的过程，还是一个发现问题、提高认识、寻找解决问题途径的心理建构过程。

■ 南京市立贤小学　韩圆圆

实验田里收获多

目前全南京市的小学都在使用《我的成长脚印》这一素质报告书，关于学生评价体系的创新和改革的脚步南京市立贤小学从未停止过。工作7年来，我记得我们使用过联章App，每月填写过习惯评价表，也使用过《小树苗在成长》考评手册，这些都是我们在素质报告书改革路上的有益尝试。今年学校综合了前期的成果和经验，推出了云平台评价系统，让教师、家长、学生通过手机端和电脑端及时地沟通学生的成长点滴。

不得不承认，互联网改变着我们的生活，互联网的触角已经深入我们生活、工作、学习的每个角落。手机和电脑的普及让我们的云平台评价系统有了更广阔的平台和坚实的群众基础。云平台评价系统的使用并不难，经过研发人员的简单培训，我这个"数码小白"也很快上手，在自己班级的这块实验田里摸索着、实践着。

1. 小树苗在成长

之前为了调动班级成员的积极性，我也在班里设立了积分排行榜，主要以学习成绩为评分标准，力争形成一种你追我赶、积极向上的学习氛围。但是慢慢地我发现，积分成了学生兑换奖品、参加评优的筹码，一些学习落后的孩子觉得自己没有追赶其他同学的希望，逐渐对加分失去了信心和兴趣，而一些成绩领先者则分分计较。这样不仅没有形成一种良性的竞争，反而让同学间的关系变得紧张起来。这些都与我的初衷背道而驰。如何让评价更多维、更合理、更具有激励作用，是一线班主任普遍存在的困惑。

第一次听到"习惯树"这个创意时我觉得很新奇。每个学生只要登录南京市立贤小学的客户端，打开自己的个人主页，就会看到一棵可爱的小树，每当学生取得进步时，教师、家长甚至学生自己都可以点击后台或扫描二维码，为自己的小树浇灌养料，让它长出一片小小的树叶。经过一学期的浇灌，学生的小树就会长成一棵茂密的大树，经过小学六年的积累，这棵大树就可能变成一片森林。这棵习惯树记录着学生在品德、生活、学习三大方面的点滴进步。这棵小树苗从发芽、抽枝、长高，长出一片片树叶，直至长成一棵参天大树，是一个多维评价的过程，是一个自主发展的过程，是一个持续积累的过程。

2. 跳一跳，果子甜

新课程改革强调"以人为本，尊重学生"。传统的学科竞赛以选拔优秀学生为主旨，最终得到肯定和鼓励的只有一小部分学生。我们学校选取语、数、外三科作为考查科目，根据各学科课程标准和各年级教材，教师命制不同年段的题库，定期测查学生是否掌握该年段应会的知识和技能。例如，对于数学的口算和计算，我们每学期分级别对学生进行相应能力的测查，达到口算和计算能力标准的学生则视为通过该级别的考核。对考级过关中成绩特别优异的学生则进行评奖，同时，能力突出的学生可以申请挑战更高级别的过关考核。

这样的考级制度，考虑到学生的个体差异，尊重每个生命的价值，评价更具有包容性，即让每个能力层面的孩子都有机会检验和展示自己的能力，获得应有的肯定。正如维果茨基的"最近发展区理论"所启示我们的那样，评价作为一种教育资源，应该能激发学生内在的潜力，让每个学生都能跳一跳，够到属于自己的那个香甜果实。

3. 每个孩子都闪耀

二年级初，班里来了位转学生，是一位腼腆的小姑娘，学习成绩一般，在班级活动中也不太积极。有一天，小姑娘的爸爸找到我，当被告知看上去这么温柔、文静的小姑娘竟然在家里大发脾气、抵触练习钢琴时，我感到非常意外。在品德与生活课上，我得知她最爱的不是钢琴，而是画画，因此建议她的家长暂时放一放对她练习钢琴和考级的紧逼，给她报一个美术兴趣班。恰好我们班成为我校云平台评价系统的实验班级，每个学生可以自由地将自己的兴趣和特长记录下来，作为教师和家长的重要参考依据。如果学生确实在某方面具有突出的优势，班级老师还会给出指导性建议。在学生上传的兴趣和特长作品中，有绘画作品和获奖证书，美术老师也及时给出专业的建议，尽可能为学生的个性化发展提供更为广阔的空间。现在，她对美术的兴趣越来越浓厚，心思细腻的她表现出了很大的绘画天赋。原来，每颗星星都可以很闪耀。如果不是更多元的评价体系的出现，一颗闪耀的小星星可能就此陨落。

作为实验班级的班主任，云平台评价系统给我最大的使用感受就是多元、动态、富有童趣，具有更大的激励作用。既有过程性评价，又有形成性评价，既有教师的评价，又有家长和学生的评价。新生事物的发展总是伴随着问题，在使用过程中我们也产生了困惑，例如，"习惯树"的加分没有一个量化的标准，什么条件可以加分？加多少分？等等，没有统一标准，各班和各位教师的加分机制还比较随意。希望能尽快有一套加分的指导方案出现，让加分更规范、更合理。

■ 南京市立贤小学　孙晓璐

信息技术与美术教学的"亲密接触"

在美术学科教育教学中,学生、家长和教师主要基于电脑端、微信端使用,对于学生在课堂上的表现情况、上传在平台上的绘画作品,家长、教师、学生可以在平台上进行互动交流,实现实时反馈。依托云平台促进信息技术与美术教学的深度融合,目标是支持学生动手绘画,激发好奇心,鼓励提问,培养主动观察、交流思想的习惯,将美术、信息、科学、写作等知识进行融合,从而激发学生自身的想象力,使其享受学习过程的每一分每一秒,学会深度学习。在这里我根据自己的使用经验和感受进行简单的总结。

一、根据学生兴趣、特长,教师做个性化评价

在云平台上,学生可以随时添加兴趣和特长,例如,李同学擅长书法,得到了美术老师的鼓励性评语。陆同学上传考级证书,得到了专业的评价和特长的展示。

当下,无论是家长还是老师都更加注重学生的全面发展,学生大多会利用假期时间发展特长。对于学生习得的一技之长,家长更想听到专业且客观的评价;对于学生而言,更想得到鼓励性的评价;对于老师而言,更想深入了解每位学生的情况。云平台正好满足了学生、家长、教师的需求。

二、依托云平台学科深度融合

1. 建立联系

基于学生的兴趣和特长,教师要建立学科与生活、文化与情感的联系。例如,李同学通过云平台"兴趣特长"一栏上传作品,老师知道他擅长写书法。在开展美术走进生活的活动时,首先有针对性地布置任务,让他了解书法的历史,之后李同学思考如何让美术走进生活。元旦,李同学写了一副对联贴在家

门上，而且将其记录在云平台的"难忘瞬间"中。

2. 促进深度表达

李同学写了一段简短却真实表达此刻自己心情的语录："对联是我自己写的。"从中可以体会到孩子为家里写春联的自信与骄傲。"多了弟弟过年。"这个春节一定幸福又特别。艺术融入他幸福的四口之家，为他开心。

3. 扩展广阔视野

激发孩子的多方面兴趣，需要社会、家长、教师提供更多的有利于孩子成长的资源，提供更广阔的视野，云平台可以满足孩子这方面的需求。

例如，学生参观篆刻展，通过上传照片、分享给更多的同学，大家得到了丰富的学习资源。又如通过平台，同学们得知一个公益活动，许多同学都报名参加了。

依托云平台，学生美术学科的学习内容更加丰富。绘画观察从第一视角变成多角度，学生在思考时融入多方面知识。

4. 融合课堂与生活

学生通过学习了解了书法是中国特有的一种传统艺术，写春联更是表达美好祝愿的独特方式，学生将春联写好之后上传并且通过文字记录美好瞬间。在云平台技术的支持下，学生将美术、历史、写作等进行了深度融合，学生体会到艺术源自生活，又高于生活。

5. 融合技法与情感

美术学科的评价不采取直接打分的形式，而是注重对学生的绘画技法、形式、内涵、思考力、课外延伸等方面的考查，多考核学生对于绘画内容的情感表达。所以相对于绘画技法角度的评价，教师更应该注重小画家在画作中所要表达的精神内涵。我们以动态发展和关注个体的眼光看待孩子，力求在小学阶段打好基础的同时，引导学生在技能乃至情感等方面取得综合发展。

6. 融合网络资源

网络正走进我们生活的每个角落，希望云平台能给学生带来更多的便利。疫情期间，孩子们利用网络资源，走进线上故宫博物院，以全景3D模式，参观了1000多个景区。他们将看到的景色拍照上传至云平台，共享资源，共同学习，共同交流，视野也变得更广阔。

我们将继续挖掘这一平台的功能，细化评价体系，使得我校儿童在小学六年间的综合发展都能记录、体现、反馈在这多姿多彩的成长性评价体系中。

■ 南京市立贤小学　靳开心

云平台：助孩子全面发展

2016年以来，我们班使用了基于网络的云平台，在这一学期的实践过程中，丰富了学生综合素质评价体系，在此评价上，促进学生不断进步，努力实现全面发展。

一、良好习惯助成长

学校十分注重习惯养成教育。在数年的德育实践中，我们逐渐提炼出学习、生活、品德三大方面的15条核心习惯。在当前的德育评价体系中，家校联系单模式对学生采取的是一月一次的习惯考评。今后，这样定期进行的习惯考评将被纳入本次儿童成长性评价体系的第一板块中，教师、家长、学生共同参与评价，学生总结自己在习惯表现上的得失，再由教师对学生进行综合评价。

1. 学习参与评分设置

把对学生的评价分为三大类，即学习、生活、品德，而不仅仅重视学生的学习成绩，充分调动了每个孩子的积极性，并促进了其个性发展。经过班级讨论和任课教师的意见反馈，我们班规定了学习加分方式（表5-2-1）、生活加分方式（表5-2-2）、品德加分方式（表5-2-3）（每周进行统计）。

表 5-2-1

内容	分数/分	理由
每周作业按时交，认真书写	4	养成做作业的好习惯
上课积极举手，每周和任课教师沟通，每位老师给出本周上课积极的孩子的名单	5	调动上课的积极性和参与度
学习上乐于助人，会分享	4	培养团队合作能力
单元考试成绩优异，进步大	4	鼓励取得好成绩的孩子
综合学科表现突出	4	培养对音、体、美、科等学科的兴趣

表 5-2-2

内容	分数/分	理由
座椅整齐，书包干净	4	鼓励学会自理，爱干净
卫生值日认真，不随便丢垃圾	5	鼓励注意卫生，热爱班级
积极参与班级活动	5	鼓励培养团队合作能力
生活中乐于助人	5	鼓励和同学们和睦相处
懂礼貌，注意公共场合的行为举止	4	鼓励培养好的品质

表 5-2-3

内容	分数/分	理由
不说脏话，不打架	4	鼓励做文明的学生
午饭不浪费	4	鼓励养成节约的好习惯
考试独立完成	4	不抄袭，了解自己的学习水平
课间不大声喧哗	5	做一名文明的学生
爱护花草树木，不破坏公共物品	4	爱护生命，爱护集体

（对于评价内容，灵活补充和调整）

2. 充分调动孩子和家长的积极性

首先，开展班会活动，和孩子们说明小树苗评价的有趣性，然后在家长群或通过家长会的形式和家长沟通，让每一位家长都知道学校的安排。每周对于孩子的评价进行及时的反馈，让家长知道自己孩子在学校的表现情况，在之后的时间内，每周找一次午自习的时间和学生说一下最近班上的表现，谁的小树苗长得快，谁的得分高。对有一点进步的"后进生"更要及时地表扬和加分，促进每个孩子的发展。同学们在一学期的实践过程中，都很重视小树苗的加分，这一模式对学习、生活、品德方面的发展起到了积极有效的促进作用。

3. 明确班级学生职责

除了班主任、任课教师对学生进行评价外，学生也可以行使评价职责。每周安排 4 位不同的同学，让每个孩子都参与进来。班委和每个学生相互监督，保证公平、公正，参与评价的学生将班级每个学生的在校情况进行记录，反馈给老师。

在此过程中，与基于云平台研发的儿童成长性评价体系相结合，孩子们积极参与班级管理，班主任进行引导和监督，配合任课教师积极推动班级的常规管理。学生们在班级管理的过程中，锻炼了自己，增强了班级荣誉感，有效地加强了团队合作。

二、小小考级促发展

"考级过关赛"是我校学科教学监控管理中的新举措，率先在主学科进行了两个学期的尝试，选取了语、数、外三科的关键能力作为考查点，根据各学科课程标准和各年级教材，老师命制了不同年段的题库，定期测查学生是否掌握该年段的应会知识和技能。

通过与基于云平台研发的儿童成长性评价体系相结合，每学期的考级内容都可以呈现给孩子和家长。语、数、外等级赛分别由语文、数学、英语老师及时录入平台系统，对于没有达标的学生，对其及时提供辅导和帮助，进而提高教学的针对性和有效性。

三、特色校本利全面

这一部分考评体现的是学生在学校特色课程中学习的过程和结果。学校开发了榉娃足球、数感训练、课堂乐器、读书行路、尤克里里等课程。在本儿童成长性评价体系中，我们不仅记录学生在校本课程学习过程中的表现，也注重学生的自我感知和自我评价，让学生评判出自己最感兴趣的课程，在下一阶段提出自己的努力与改进方向。

通过与基于云平台研发的儿童成长性评价体系相结合，学生可以了解到自己的校本课程学习成果，校本课程的相应任课教师给予学生公平的评价，并将其及时反馈给家长和学生，促进学生的发展。

本项目的目的在于促进学生的全面发展，培养学生的兴趣爱好，让学生、教师、家长了解学生在这一学期的学习情况，对于薄弱的课程进行及时的复习和补漏，这也是对学习优异课程的一种内在肯定。以内在动力促进全面发展为导向，站在学生的角度，服务于每一位学生，也是我校校本课程的价值内涵。

四、兴趣特长享自由

学生在学校课程的学习中，在参加兴趣班、校内社团活动和校外的社会实践过程中，会逐步发现自己的兴趣爱好。学生可以将这些兴趣爱好记录下来，作为教师和家长的重要参考依据。在此基础上，学生相关特长的表现将得到更多的关注。如果学生经过充分的发展和积累，确实在某方面具有突出的优势，教师会对学生的特长发展提出指导性建议，并及时记录在"教师建议"板块中。在发现兴趣、培养兴趣再到发展特长的过程中，教师注重全面客观地收集信息，注重学生在发展兴趣和特长中的收获和实践过程，力求尽可能为学生的个性化发展提供更为广阔的空间。

家长通过手机端把学生的证书上传到客户端，每一位教师都可以及时了解学生在兴趣和特长上取得的成绩，在此基础上，教师可以通过手机端给予孩子评价和建议，把学校里的教育拓展到校外，关注孩子的各方面，建立良好的师生关系和家校联系。

五、"难忘瞬间"之如何保存

"难忘瞬间"专门用来记录本学期内发生在孩子身上的令其记忆深刻的事，有开心的，也有悲伤的。每个孩子的记忆和体验都是独特的，如果在他成长的过程中被记录下来，将是孩子一生最宝贵的财富之一。

在这学期的实践过程中，每位孩子都运用了"难忘瞬间"这个板块，把生活中的点点滴滴记录下来，也会分享给老师和同学。在此过程中，学生们逐渐养成了分享快乐的好习惯，在学习中更能发现乐趣，促进了内在学习，提高了自身的综合素质。

本学期在班会活动中开展了一次主题为"难忘瞬间"的主题班会，在班会中，每个孩子分享了一件本学期让他难忘的事情，班会取得了很好的效果。孩子们和家长们更加愿意使用平台去记录生活的点滴，这个平台成了学生们生活中一个记录的渠道，体现出了平台在本次实践活动中起到的积极作用。

六、小小树苗好处多

本次的云平台评价系统进入课堂，孩子们眼前一亮，绝大多数孩子都积极地培育自己的小树苗，每当自己的小树苗长大一些时，孩子们脸上都会带有微笑。实践促进了孩子们的发展，同样也让每位教师都了解到此平台的便利性、科学性、全面性。

本次项目的实施着眼于儿童自主发展能力的提升及终身发展的需要，以培养儿童的自主发展为核心，借助云平台富于交互性、便捷性、动态性的优势，进行儿童成长性评价校本化探索。记录孩子小学的成长经历，丰润、愉悦孩子的童年记忆，丰富孩子的小学生活，唤醒儿童的自主意识，激发孩子突破困境，矫正行为，促进其更好地成长。在这一实践过程中，激发教师寻求更有效的评价手段及丰富小学生综合素质的评价体系。

最后记录几位学生对于本次实践的心里话：

张自乐同学说："我觉得这个小树苗评价很有趣，就像一个游戏，平时只要在生活上、学习上、品德上积极表现，小树苗就可以长大，感觉就是对自己的肯定，我很喜欢这样的评价方式。"

颜子轩同学说："平时老师们对我们的评价大多数体现在分数上面，有些成绩不好的同学，就会不开心，不过有了小树苗，我发现班上的同学们都变得比以前积极了，我很喜欢这样的评价方式。"

杨欣怡同学说："这个评价中，我发现了自己品德和生活方面都还不错，学习方面还需要继续努力，小树苗让我知道了下学期积极努力的方向。"

■ 南京市立贤小学　程欢

百年树人，"习惯树"贤才

"丁零零，丁零零……"下课铃声刚响，学生们便一窝蜂地围拢到了我的身边，叽叽喳喳地向我讨要着习惯卡。"老师，刚刚语文课我举了十次手。""老师，我刚刚的回答得到了同学们的掌声，能不能获得阳光卡啊？"你一言我一语，就连班级最内向的孩子也禁不住诱惑围到我的身旁，眼睛里充满了对习惯卡的渴望。看着这样的情景，我手里的习惯卡再也待不住了，纷纷从我的手里跑出去，一分、两分、五分……得到了习惯卡的孩子，仔细地核对着卡上的分数，小心翼翼地将卡收到文具盒里，一张一张数着。下课时间，同学们三三两两地聚集在一块，忍不住比着谁的习惯卡更多，谁的进步更大。

其实，之前我们班并不是这样的。早上来到学校，调皮的孩子们不顾早读带读员的指挥，要么只张嘴不出声，要么忍不住交头接耳说着昨晚的趣事，总之怎么也安静不下来。课间呢，孩子们先不忙着整理上节课的书本，做好下节课的准备，桌肚里一团乱，走廊上尽是他们跳脱的身影。上课铃声一响，这帮"皮猴"们才匆匆跑进教室。这不，你瞧！伏桌静时间了，有些孩子还在书包里翻，就是找不到书；有的孩子把书一股脑塞进抽屉，这会儿找不到书只能抽出抽屉，把整个抽屉往桌上一倒；有的孩子头往桌上一倒，看着没什么问题吧？瞧，小手还在那玩着笔呢。上课了，总是那么几个好孩子举手回答问题；有些孩子虽然坐在座位上安静地听着课，却不敢举手发言，好不容易举手发言了，声音小到听不见；有的孩子则是一股脑地乱说；还有的更是说得让人摸不着头脑。怎么办呢？该怎么对付这些小"皮猴"们？

一切变化都源自拿到习惯卡的那天。学校建立了云平台评价系统，也给每位教师印制了习惯卡。这习惯卡可不一般，上面绘制了小小的树苗，仔细看，每张卡还不一样，有雨露卡，有养料卡，还有阳光卡，这些可都是让"习惯树"苗壮成长的秘密武器呢！那天，我拿着一沓习惯卡来到班级，告诉孩子们这是咱们的习惯加分卡，咱们每个人都有一棵小树苗，想要自己的"习惯树"长得又快又好，就看谁能凭借自己的表现获得更多的习惯卡。上课举手超过

10次的，回答问题得到老师表扬的，作业获得优秀加星星超过3次的，收拾书包小能手……都能获得习惯卡。

我们一起用了一节课，从学习到品德，再到习惯，制定了我们自己班的习惯卡守则。孩子们只要研读守则就知道自己能做什么，不能做什么。当然，仅仅这些可不够，为了能让孩子们切身地看到自己的变化，班级中还设有"习惯树"守护员，班级的每一位孩子都是"习惯树"的守护员，轮流值日，在班级搜寻着小小好习惯，晨会时在全班分享。守护员说海鹏的课桌抽屉总是收拾得整整齐齐的，好，那就请海鹏来分享整理抽屉的秘诀吧！雯雯的数学计算总是能全对不扣分，那就请雯雯来说说有什么计算小窍门。睿欣是我们班级的小作家，作文写得可好了，让同学们羡慕不已，于是小作家的写作方法指导课正式开课！这些孩子都可以得到习惯卡奖励。

孩子们都期待自己的"习惯树"能长成参天大树，一个个仿佛较着劲般表现着，想从我手上获得习惯卡。于是，一天天的，孩子们从不敢说到敢说，从敢说到想说，说得越来越好，声音也越来越响亮。借咱们班上公开课的老师都表扬孩子们声音响亮、举手发言积极。"习惯树"帮助孩子们养成了良好的上课习惯，也让我的课堂更有生机了。看着一棵棵小树苗越长越高，越长越茂盛，孩子们更有自信了。从课堂学习习惯的养成到生活习惯的一点点积累，孩子们也在一天天茁壮成长，变得更加出色。

每周核算一次习惯卡分数，只需要登录"微校+平台"，给这些孩子们加上分就可以了。孩子们打开自己的"习惯树"平台，就能看到自己的小树苗，还可以看到自己在班级中的"习惯树"排名。一棵、两棵、三棵……直到一个学期结束，班级"习惯树最佳园丁"诞生。咱们班级也多了一个好听的名字——春芽中队。

十年树木，百年树人，我们的"习惯树"在习惯的培养中深深根植于孩子们的心中，小小的习惯卡不光给孩子们的习惯加分，更是用一点一滴的阳光、雨露、养料哺育孩子们。习惯养成非一日之功，在"习惯树"的陪伴与帮助下，我相信孩子们一定会成为更加优秀的立贤人。

■ 南京市立贤小学　时尚

嘿，今天你的树长大了吗？

近年来，我国经济迅猛发展，尤其是21世纪以来，从中国制造到中国创造，发展的中国正与时俱进，各行各业都在变革中前行与发展。教育作为发展的重中之重，更需要有效的变革和提升。前段时间，我校推出了基于省级立项的前瞻性项目研发的云平台。经过这段时间的使用与磨合，平台受到了家长与教师们的一致好评，孩子们也得到了"肉眼可见的成长"。作为班主任，我很高兴有这样一个平台去陪伴与守护孩子们健康成长。

众所周知，近年来我们一直在提倡综合素质的培养，努力不让考试成绩成为评价孩子的唯一标准。实际上，如何对学生量化考核一直都是学校和老师的一个痛点，尤其对于小学生而言，一个可见的量化考核标准对孩子们的成长起到了至关重要的作用。近期，我校推出的云平台评价系统，我认为其存在的意义是巨大的。这样的一个平台让孩子们的成长变得"肉眼可见"，每一次的提升、每一次的进步都变得实实在在的。以往一个学生的综合素质评定往往只能靠班主任评定，显然这样是有失公允的。让其他教师都参与到学生整个学年的素质考查中来，并且具体化、形象化，这样的方式不仅是一种尝试，更是一种创新。

在我们班，近期有了这样"风靡"全班的对话。"嘿，今天你的树长大了吗？""哇，你上次考试得了满分，一下子得了20个积分啊！"没错，他们说的就是我们学校推出的云平台评价系统。自从有了这个平台，我们班的孩子可热衷于照看自己的小树苗啦。为了得到习惯卡，有的孩子通过考试考满分得，有的孩子通过每天学习打卡得，忙得不亦乐乎。我们班实行一周一统计的方法来给孩子们统一加分，每个孩子都能实实在在感受到积分的来之不易。孩子每一次的加分，家长们的客户端都是可以看见的，这样的过程家长们也是可以一起见证的，家长们可以知道这一周孩子在学校里哪些项得到了积分。

就我个人而言，通过这段时间的观察，我可以看见同学们在平时的学习和生活中有了明显的进步，同学们充分享受过程教育的快乐。还有一些平日里默默无闻的学生，评分竟出乎我的意料，显然这其中的作用不是一场考试、一个鼓励所能比拟的。很多家长也私下向我反映，通过这个平台，大家跳出了比成绩的怪圈，这个平台对孩子的健康成长起到了十分积极的作用。对孩子来说，当他们的小树苗从一棵小苗长成一棵大树的时候，那样的成就感绝不是老师的几句表扬可以比拟的，而这样的方法更是我们老师和家长喜闻乐见的。作为基层的教师，我时常在想，应试教育、书本教育有它存在的合理性，素质教育的普及也极为重要，把二者有效地合二为一，一直是我们教育工作者所追求的，只是以往一直没有有效的途径去实现罢了。教育不该一成不变，更不该把每个人圈定在固定的框架中。其实，身边的每一个人都是孩子们成长的见证者，既然如此，就该综合、客观、全面地去评价每一个孩子。仅从成绩评价往往是片面和局限的，我们需要打破这种局面。云平台评价系统不一定是最好的，但它一定是一次成功的探索与实践。

总而言之，这样一个平台在减轻班主任负担的同时，也对孩子们的成长起到很好的帮助作用，希望学校能够继续完善及丰富平台的功能，帮助同学们实现德、智、体、美、劳全方面的综合进步。

■ 南京市立贤小学　周娟

雨露阳光，润生成长

最近一段时间，只要一下课，孩子们都会立即围上来说："老师，老师，今天发养料卡吗？"每次批改完作业，总能听到孩子对我说："老师，老师，我这次作业能得优秀吗？可以发雨露卡吗？"那殷切盼望的小眼神每每让我忍俊不禁。

小梁同学一直是班上一个聪明但调皮的小男孩，最令我头疼的就是他懒散的学习态度，每次作业都不能按时完成，即便是完成的少数作业，也实在有些"辣眼睛"。为此，我没少与他的父母沟通，但他的满不在乎与他父母的过度溺爱，使我一筹莫展。

第一次介绍这个云平台评价系统的时候，是在一个晨会上。我正用投影为孩子们介绍这一平台的功能，即"习惯树""兴趣特长""难忘瞬间"……同学们听得津津有味，看来这一与互联网结合的评价方式给他们带来了一定的新鲜感。"我们每天得到的养料卡、雨露卡及阳光卡有什么用呢？答案就是：可以通过自己的努力让这块土地上长出一棵棵茂盛的'习惯树'！"班里顿时炸开了锅，小梁同学第一个一脸不屑地质疑："怎么可能长出树？"然而更多的孩子愿意相信科技的力量，好奇的他们向我抛出了一个个难解的问题"这树怎么长？一厘米一厘米长？""这树会长多高？要得多少分才会长出来？""老师，这长出来的是什么树啊？"……一个个问题砸得我晕头转向，但我故作神秘地说道："试试不就知道了？先想想怎么得到老师手里的这些习惯卡吧。"

接下来的几天，我们班就开始了发习惯卡的奖励机制。一个星期后，我特地在班上举行了一次"习惯树考察"。有些同学的"习惯树"已经拔地而起，而小梁同学的页面却还是一块"不毛之地"。渐渐地，"习惯树生长"的话题成为班级课下的流行话题，也成了孩子们课上暗自较量的动力。每当一周结束，我还会在家长群里暖心提醒家长点开手机查看"习惯树"的生长情况，清晰而具体的视觉冲击，让一些像小梁这样的孩子可着实不好受。慢慢地，小梁同学在环境的"逼迫"下不得不开始做出改变，课堂上他捣乱的次数减少了，或者说开始有所收敛。虽然作业还是常常拖拉，但是迫于对"习惯卡"的渴求，他基本能做到不管多晚都能完成规定的作业。我发现，一些好的改变正在他的身上发生着……

后来，随着孩子们的"习惯树"越长越高，越长越多，富有创造力的他们甚至开始研究起这一云平台。他们开始给我各种各样的建议："老师，我觉得'习惯树'可以设计成果树，她们女孩子喜欢花的话也可以给她们设计成喜欢的花。如果是果树的话最好会结果，这样我们每个人还能尝尝自己的树结出的果实。"有些看似荒诞，我却也深深折服于他们的想象力，亦可见他们对"习惯树"评价的喜闻乐见。诚然，这一云平台不仅带给学生们惊喜，也带给教师们种种好的使用体验。

自从有了这个云平台，我再也不用在班里制定烦琐的加分制度。过去，我尝试在班里张贴加分表格，待分数积累到一定程度，给予孩子一定的物质奖励。但在这种方法的使用过程中，我发现有些孩子对奖品不屑一顾，而且分数上的对比差也不能调动孩子的积极性，哪怕别人的分数已经高达几十分，自己呈"负债"状态，也不大有所触动。但采用了我校云平台评价系统后，孩子的种种表现可以通过"习惯树"的成长具象化。孩子们通过观测小树苗的成长来了解自己某一阶段的表现，以及了解自己养成的习惯，这极大地调动了积极性。同时，云平台评价系统操作简单，制定好分发习惯卡的标准后，只需定时下发，并选择得力的小干部在每周五统计，教师再进行加分，孩子们在周末就可以看到"习惯树"的生长情况，回顾一周来的表现，制定下周的努力方向。不仅如此，在每周一的晨会上，我会随机点开生长态势较好的"习惯树"，让还不够优秀的孩子看到自己与他人的差距。小树苗的生长差距让孩子们一目了然，调动了他们内在的积极性。

在使用了云平台后，我真切地感受到一些孩子的变化：原本上课胆小不敢举手的孩子开始慢慢有了尝试，举起了小手；原本做作业敷衍、书写欠工整的孩子悄悄地有了改变；伏桌静、桌肚净等这样一些常规行为更明确。一切都源自那棵神奇的"习惯树"，孩子们像一个个辛勤的小园丁，默默地为自己树苗的成长助力着，在无形中养成了诸多的好习惯，这也让老师省心不少。每天孩子们总在课间谈论："你的'习惯树'多高了？""我的'习惯树'已经有这么粗了！"这样一种新型的评价方式，在记录孩子成长的过程中，也给他们带去了诸多快乐。

孩子们为自己的"习惯树"努力着,殊不知,他们自己也正像那一棵棵青翠的小树。他们日复一日养成的好习惯,会成为最好的养料卡,使他们茁壮成长!

■ 南京市立贤小学　高艳

借助云平台激励学生发展学科素养

在新兴科技不断成熟的今天，大数据、云平台等信息资源对教育领域不断进行着冲击，全新的教育理念正在使教学与评价模式发生创新性变革。在对南京市《我的成长脚印》展开研究的基础上，南京市立贤小学在相关领域专家的帮助及网络公司的技术支持下，开发了适用于我校的云平台评价系统，实现了教师与家长电脑端和手机微信端的互通。

南京市立贤小学云平台设立了6个子板块，即"兴趣特长""过关考级""学科能力""难忘瞬间""习惯树""校本成长"。各板块在平台操作上相对独立，在激励儿童自主成长的过程中互相交融，力求体现学生阶段性、过程性的进步与变化，动态地评价学生，支持激励学生自主学习与成长。其中学科素养是学生在本学科内所具备的基本专业素质，包括学科知识、技能、经验、品质、态度等几个方面，是学科育人价值的集中体现。通过云平台的建设与使用，激励学生自主提升学科素养，主要体现在以下几个方面。

1. 过程性记录，提供学生知识和技能评价的电子档案

云平台的使用打破了以往用纸质或电子表格记录学生成绩的局限性。目前教师手动录入，平台自动分析，为教师的工作带来极大的便捷。另外，云端的数据易存储且可以随时查看，也为学生整个小学阶段提供完整的过程存储渠道。依托云平台，教师和家长们改变以往的教育模式，调动学生们的积极性，为其发展提供有效帮助。

除了提供阶段性检测记录的数据库外，教师们在知识结构分析的基础上，选取各学科关键能力为考查点，根据各学科课程标准和各年级教材，关注儿童的学习体验和探究能力培养，命制了适应不同年段的题库，定期测查学生是否掌握该年段的应会知识和技能。

小学阶段12个学期应掌握的内容分别对应12个级别，如果学生通过对应级别的考查，教师可以通过后台帮学生记录为"通过"，同时根据各年级人数

制定相应的评奖比例，为表现优异的学生颁发一、二、三等奖和给予小礼品，以肯定这些学生取得的成绩，同时激励未能获奖的学生通过努力在下次的考级中冲击奖项。

在实际操作的过程中，教师普遍反映学生对过关考级的积极性很高，在教师与家长的共同配合下，一些原本基础知识较薄弱的学生制订了有针对性的学习计划，一段时间后其知识得到了扩充，技能得到了提高，对待该门学科的学习也更加有了自信。

教师在电脑端可以录入学生每个阶段检测的成绩，平台自动生成班级整体的数据分析。录入以后教师可以随时通过手机端查询班级某次测试的整体情况，也可以查询某个学生个体一个阶段的成绩动态变化，从而根据需求调整教学，并做好个别学生的一对一谈话与辅导工作。

家庭教育不仅是学校教育和社会教育的起点，更是学校教育的补充。教师还可以通过点击"发布"来告知家长孩子的成绩，家长能通过手机看到孩子的相关成绩和以折线图形式呈现的一段时间的成绩变化，这样更方便家长掌握孩子的学习情况，以通过家校共育促进孩子学科素养的发展。

2. 差异性发展，根据学生能力跨年级整合学科资源

每个学生由于其性格特点、家庭环境、思维方式、智力水平的不同，在学习过程中体现出的对于知识的获取能力和掌握能力也会是千差万别的。过关考级的内容本身以年级进行划分，但因为学生个体之间可能存在较大的差异，在实践探索的过程中，教师们对过关考级的形式进行了微调。

其一，能力突出的学生可以申请挑战更高级别的过关考核。例如，我校一位五年级的学生受家庭环境的影响，英语水平已超过五年级的学业水平要求，于是她向老师提出挑战六年级的过关考级。老师调取六年级的题库给她，这位同学以优异的成绩通过了考级，原本登记的"听力九级"改为"听力十一级"，该生充满了自豪感。其二，对于能力不足的特殊学生，可以为其提供较低级别的考级。在我所在年级，有一位学生存在阅读障碍，同年级学生5分钟能完成的计算考级，他得花上半小时才能完成，无法跟上同年级学生的学习进度。因过关考级错误多，多次不能通过，该生产生了烦躁、自卑的心理。教师综合考虑，为其提供

较低年级的考级内容，随着他正确率的提高，教师适时地鼓励他打牢基础，一步一脚印地踏实前进，逐渐帮助他克服消极情绪，从而脚踏实地地学习。

3. 个性化评价，激励学生具有积极的情感态度

很多学生都有自己感兴趣的学科，每个孩子也都有自己的学科优势，这些可以在平台中彰显出来，学科教师将根据不同的孩子给予针对性的发展建议，为孩子的多元发展提供可能性。

学科素养的培养与发展不仅限于课堂和数据中，有的学生成绩虽然不是很突出，但不影响他对某门学科的热爱。学习兴趣是学生对学习对象的一种力求认识或趋近的倾向，除了学校统一的教学以外，学生在其他方面接触的人或事也可能转化为其学习的兴趣。云平台还为学生提供"难忘瞬间"板块，该板块可以上传照片、微视频等，用于学生自己记录学习过程中印象深刻的事，这充分尊重了学生的主体地位，保护了学生学习的内部动机。内部动机由个体内在的心理因素转化而来，如果个体的内部动机水平较高，就会主动提出任务，即使受到外部刺激的干扰，仍会保持开放的心态，同时富有挑战性，思维新颖、独特。美国心理学家阿玛布丽通过大量实验研究，证明内部动机对人的创造性有很大的促进作用。很多学生上传的照片记录了自己钻研感兴趣的学科的过程，以及在课外获奖的情况，教师、家长和同学都可以看到后点赞，参与互动及反馈，帮助学生获得积极的学习情感。

学生今后生活、学习和工作所必需的基本素质是由各学科素养的融合构成的，除保护和发展学生感兴趣的学科、优势学科以外，云平台更为培养学生的综合素养提供支持。

陶行知提出，生活即教育。奇妙的大千世界更容易激发学生的好奇心和求知欲，而认知内驱力是掌握知识及解决问题必备的，也是美国认知教育心理学家奥苏贝尔认为的最重要且稳定的学习动机。而学生认知内驱力的产生更多的来自生活中的所见所闻。在"难忘瞬间"板块，有很多学生会上传自己在树下阅读时的照片、做菜时的科学研究小实验视频、做旅游规划时用到的数学模型照片等。每个孩子对生活的体验都是独特的，如果将其成长的过程记录下来，将是孩子一生最宝贵的财富之一，也是他进一步在生活中学习、在学习中生活的阶梯。

■ 南京市立贤小学　孙霁月

云平台评价系统对学生激励作用的研究

习惯方能成自然，培养学生良好的习惯是教育的重要组成部分。构建云平台评价系统可以对学生学习成长进行全记录，实现学生"看得见的成长"，同时借助网络平台交互性，丰富儿童的小学学习生活。激励是调动学生学习积极性和主动性的重要手段。云平台评价系统和学生激励之间存在相关性，为此，我们开展了小学云平台评价系统对学生激励作用的研究。

儿童习惯养成教育是当前学者的研究热点，叶圣陶先生早在 1919 年在所写的《小学教育的改造》一文中提到，"今后的教育要着力于扩充儿童兴趣所及的范围，并使他们养成终身的习惯"。著名教育家陈鹤琴认为，习惯贵在从小培养。陶行知先生尤其注重对培养青少年良好行为习惯的研究。为此，我们开展了云平台评价系统研究，并结合激励作用，力求从小学开始培养学生的良好习惯，使今后的教育起到事半功倍的效果。

一、云平台评价系统的意义

云平台评价系统的开发和使用是学生自主发展的需要。传统的评价方式重阶段性总结式的评价，突出反映在强调甄别与选拔功能，忽视改进与激励功能；注重学习成绩，忽视学生的全面发展和个体差异；关注结果而忽视过程，评价方法单一。相比于传统的评价方式，新课程提倡"立足过程，促进学生全面发展"的评价方式。学生的成长过程是一个不断变化和发展的过程，就犹如一棵"习惯树"，从发芽、抽枝、长高，长出一片片树叶，再到长成一棵参天大树，这是一个过程。

云平台评价系统是深化学校习惯教育的体现。为了在习惯教育中更好地体现儿童参与，真正实现多元评价，尤其是发挥儿童评价的自主性，需要对儿童过程性评价体系进行完善的设想。借助网络的力量，构建科学、合理的评价路径，设计云平台在线评价系统。通过云平台评价系统，能将对习惯教育的研究推向一个更具有实践意义的方向，摸索出一套符合儿童身心发展的规律，同时真正能够使学生习惯养成更具有直观性、便利性、童趣性、诊断性、指导性和激励性，让学生、教师、家长互动式地参与到评价中来，提高评价的效率。

云平台评价系统是"互联网+教育"的应用。随着移动互联网技术的飞速发展，它对教学的影响已经日趋深化，教育资源、学习环境、学习方式都在发生着深刻的变革，李克强总理提出的"互联网+"的新概念，也驱动着中国传统学校教学结构进行深刻变革。不仅授课的方式可以通过网络的新型方式实现，德育的评价也可以借助网络科技来进行大数据的挖掘和习惯成长的分析。云平台体系就是"互联网+教育"的具体应用，它通过信息网络、多媒体技术，以声音、图像、影像等直观、生动的方式创设生活情境，使学生身临其境、激发情感。

云平台评价系统是"全人教育"理念的践行。"全人教育"是古今中外哲学家、教育家的智慧结晶。孔子的教育思想、卢梭的自然教育、裴斯泰洛齐的课程论、杜威的著作《民主主义与教育》、毛泽东的教育思想等，都蕴含着"全人教育"的思想。全人教育关注对每个人的智力、情感、社会性、物质性、艺术性、创造性与潜力的全面挖掘，这正是云平台评价系统的出发点和立足点。综合评价体系的创立能够让学生在除语文和数学之外，同样重视英语、美术、音乐、体育等科目，同时还有一些有意义的多样化的学校及班级活动，把多样化科目及活动中的表现都记录在学生的成长记录册中，这不仅是对他们全方位发展、积极发挥想象力、培养动手能力的激励，也是学生成长轨迹很好的记录和证明。同时扩大评价主体，教师、家长、学生能在这里看见学生在各个阶段、各个方面习惯养成的情况。

二、云平台评价系统的激励作用

小学阶段的学生其承受挫折的能力较差，情绪波动比较大。这个时期是整个教育阶段最需要激励来促进其全面发展的时期。如何利用这一系统使学生全面进步是我们需要思考的问题。

云平台评价系统能够直观地体现学生的成长过程，通过对平台的运用发现学生的需求，把握他们的心理动机，规范其行为，从而实现激励作用。

1. 唤醒内驱力，促进内部激励作用

内驱力是指在需要的基础上产生的一种内部唤醒状态或紧张状态，表现为

推动有机体活动以达到满足的内部动力。云平台评价系统实现了学生学习过程的全程记录，良好的表现通过加分能够直观地体现出来，直观地表现为树的不断长大。表现越好，加分越多，树则愈加枝繁叶茂。这种模式能够让孩子时刻关注到自己的表现，唤醒内部驱动力，从而表现在行动上，争取把自己最好的一面展现出来。

这种直观的评价模式可以唤醒学生对知识的渴求和对习惯的更高追求。加分机制对孩子是一种鼓励和刺激，并且这种加分机制是即时的，能让孩子有追求进步的动力，在其不断追求进步的道路上，不时注入"强心剂"。反之，如果孩子没能得到加分，则会激发孩子的上进心，让孩子反思并修正自己的行为，从而使自己有良好的习惯表现。

结合云平台评价系统，记录这一个目标和过程，学生、教师和家长均能直观地看到进步，切实感受到学生的能力和努力的成效。

2. 形成外驱力，促成外部激励效果

如果说内驱力是让孩子自己想要做、喜欢做，那么外驱力则是外部的因素鞭策和鼓励孩子去做。

外部促进因素首先来自同伴特别是优秀的同学展现出来的榜样的力量。学生心中有了榜样，他们就有了前进的方向。树立正确的榜样，不仅是学生教育的现实需要，也是价值观的具体体现。这种身边的榜样更具影响力和说服力。云平台评价系统让榜样人物脱颖而出，德、智、体、美、劳各方面优秀的同学，他的"习惯树"就茂盛，这是所有同学都可以看得见的，他就是同学学习的榜样。另外，学生在良好的竞争环境中可以得到认可，通过竞争可以把他们引入主动学习的氛围中。有了这一强大丰富的数据，就能开展合理、良好的竞争。通过举办形式多样的竞赛来激发学生拼搏、进取的斗志，提高其参与课堂的积极性。需要注意的是在竞争中也要强调合作，组内合作，组外竞争。通过竞争与团队合作，学生明白个体与集体的关系，从而实现共同发展。

外部促进因素也来自教师和家长。云平台评价系统是多元评价的平台，教师、学生、家长都可以参与其中，而在小学阶段，教师和家长又是学生学习过程中的重要评价者，孩子都很在意来自老师和家长对自己的态度和看法。为了

得到老师的肯定及家长的赏识，孩子会努力做好自己，提高自我要求，从而达到自我提升的目的。

三、对云平台评价系统的建议

1. 操作的便捷性有待提高

在技术日新月异、各种应用程序霸占手机的时代，操作的简单、便捷直接关系到一个操作系统的使用频率。目前的操作系统相对来说比较简单，可以通过手机端、电脑端直接操作，但是还有一些细节的地方可以做得更加简便。例如，目前的操作系统是依托微信平台，进行加分操作时需要打开微信平台，层层搜寻，才能找到相对应的加分条目，这无形当中增加了教师的工作量，降低了用户的体验感。而且这个系统对于低年级的孩子来说，很难实现独立操作，因此让操作更便捷，在一定程度上会提高操作系统的使用频率。

2. 对后进生的激励效果有待提高

云平台评价系统是一种多元评价系统，追求对学生全方位的过程记录，也期待通过这种评价体系对学生形成一种激励，这种评价模式对优等生和中等生的激励效果较明显，但是对后进生的促进作用则大打折扣。后进生一般都存在"做一天和尚，撞一天钟"的想法，缺乏明确的目标和前进的动力。因此"习惯树"这种模式直接的表现形式可能对这部分学生的效果不佳，久而久之，他们还会表现出无所谓的态度。对这部分学生，要发现他们的闪光点，避免过多依赖成绩加分，避免后进生认为加分无望的情况。因此，学校要制定统一的加分标准，增加评价体系的效度。

总之，教师在云平台评价系统中要注重评价的全面性、客观性和多元性，真正让云平台评价系统成为孩子们前进的"成长树"。在运用云平台评价系统对学生进行激励时，要设计合理的目标，激发学生的潜能，提高学生的学习热情，促进学生快乐学习、健康成长。

■ 南京市立贤小学　周璐

关于多元评价的实践研究

多元评价是未来教育评价发展的趋势，在实践过程中，云平台评价系统给教师和学生都带来了积极的影响，但也存在改进的空间，将多元化真正落到实处，作为起点，作为手段，促进学生的发展，是我们努力的方向。

一、研究对象

教育部在《基础教育课程改革纲要》中提出，"改变课程评价过分强调甄别与选拔的功能，发挥评价的教育功能，建立以教师自评为主，校长、教师、学生、家长共同参与的评价制度，促进学生在原有水平上的发展"，为此，我校建立了云平台评价系统。该系统借助云平台对学生进行多元评价，教师可以在电脑端和手机端为孩子在学习、生活、品德习惯方面进行笑脸评价，家长可以拿着积分卡在手机端加分，学生同伴之间可以互相点赞和评价。当学生参与社区活动时，就有相应的社区评价，"习惯树"象征着孩子的成长，积分越高，"习惯树"就会长得越枝繁叶茂。

为了了解云平台使用者——教师、学生、家长对云平台体系的使用情况与体验感受，进而对云平台内容、技术等方面进行改革和调整，我校对全校71名教师、1028名学生及一些家长进行了具有针对性的问卷调查。

二、主要结论及讨论

1. 教师：操作方便但实际促进效果有限

在调查中，我发现有78%的教师认为云平台评价系统的操作很便捷，认为该评价系统对学生的发展起到很大促进作用的占86.67%，还有13.33%的教师认为虽有促进作用但不明显。由此看来，在教师眼里，多元评价的方向是值得肯定的，相比于传统的纸质评价，虽操作方便，但实际促进效果有限。多元评价的理论基础来源于西方的多元智能理论和建构主义学习理论，这两者都提倡将学生由消极的被动者变为评价过程中积极的参与者，也正是在这个过程中，学生可以发现自己的特长，实现自我的个性发展。培养出能够挖掘问题、面对问题和解决问题的全面发展的学生，才是多元评价的真正目的所在。

2. 学生：在乎但变化不大

对于"你对待'习惯树'加分的态度是怎样的？"这个问题，68.01%的学生选择了"很在乎"，29.74%的学生选择了"一般"，还有2.25%的学生选择了"无所谓"。（图5-1-4）"习惯树"的评价标准还是追随了传统的分数评价标准，一直以来，在应试教育下长大的孩子对于分数都很敏感，在这一评价中也不例外。可是对于这一评价方式，觉得自己在习惯养成方面有明显进步的只占42.44%，觉得自己略有进步的占52.09%（图5-1-5），这说明不仅教师觉得"习惯树"评价体系对学生的促进作用有限，学生自己也是这么认为的。王淑慧老师在《多元化教学评价的研究》中提出，要想让多元评价促进学生的自我成长，就应该协助学生找出问题的根源，对症下药，然后协助学生发现自己多方面的潜能，并加以肯定和鼓励。云平台评价系统很好地反映了学生在习惯上表现良好的方面，但究竟孩子出现问题的根源在哪里？怎样扬其优、修其劣？他的潜能是什么？哪个是孩子身上最亮的闪光点？这些在"习惯树"中我们都无法看到，这也是后面我们需要反思和改进的地方。

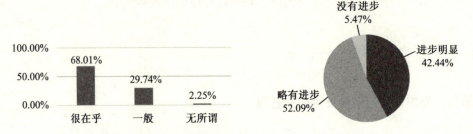

图5-1-4 对"习惯树"加分的态度调查　　图5-1-5 使用"习惯树"后在习惯养成方面的变化

3. 家长：有帮助但期待更显著的效果

我在对家长进行"哪些板块您觉得是对孩子有帮助的？"调查时发现，选择"习惯树"的比例是最少的，这说明家长内心对这一评价方式并不是非常支持和认可。家长并不是不认可多元评价，而是不认可云平台评价系统的呈现方式与评价标准。如果"习惯树"能够以图片、视频等方式呈现，让大家都能看到，进行评论和点赞，能够用 A+、A、A-、B+、B、B-这样等第的方式作为评价标准，可能会更好。熊焱冰老师在《多元评价体系及其教学应用探析》中写道："评价不能停留在学习结果上，而要更进一步促进学习，提供教学进展的信息。"没错，过程比结果更重要，如果我们的过程资料再丰富一些，结果可能会发生反转。

三、关于云平台评价系统的建议

1. 多元评价并非为了多元而多元

对教师而言，过去我们的教育评价重纸质测试，多元评价仍是一个探索中的领域，研究与实践不可避免地会遇到问题与阻力。但同时，它绝不是简单的"拿来主义"，强行的生搬硬套。我们的努力并不是为了多元而多元，不是所有评价的角度多、方式多就是对的、好的，在探索的过程中，我们要考虑到教师、学生、家长每一方的负担，考虑到每一步的做法背后的原因是什么，积极与消极的影响是什么。因此，在云平台评价系统的运行过程中，我们也要听取家校双方的意见，遵循简单易行的原则，不断改进。

每一个学生都希望能够证明自己，在班级中名列前茅，他们重视评价，因此评价应具有循序渐进性，可以根据学生的不同阶段做相应的评价，逐步提升对学生的要求，这样学生的发展才更具有长远性。

2. 多元评价并非目的而是手段

在多元评价的实施过程中，王淑慧老师觉得多元化应包括"评价层面多元""专业多元""内涵多元""过程多元""情境多元""方式多元""结果呈现多元"。对于云平台评价系统的运用，我们不应该一味追求目的，而应该充分运用多元的手段，和家长一起，选择合适的评价方式。

综上所述，云平台体系虽然充分肯定了多元评价是未来教育评价的发展趋势，但是如何选择呈现方式和评价标准，依然是我们需要思考和努力的。笔者相信，经过学校、教师、家长等各方面的合作与努力，"习惯树"评价体系会朝着更好的方向发展。

■ 南京市立贤小学　尹敏

"习惯树""难忘瞬间"板块使用建议

"习惯树"板块对学生的思想品德、学业水平、身心健康、艺术素养、社会实践等开展全方位评价,对学生整个活动过程、学习过程、成长过程开展全过程评价。能够对学生习惯养成、学业水平、兴趣特长等多方面发展进行跟踪记录,充分发挥了评价的激励、导向、诊断、调节功能。无论是教师、学生还是家长,都十分关注这些过程性材料的积累,同时也十分关注过程性材料呈现出的成长走势,激励的效用还是很明显的。我在使用中就一些细节进行了思考,提出了几点建议:

(1)"习惯树"中一个很重要的部分是"习惯加分",而"习惯加分"分为养料卡、阳光卡、雨露卡,区分是三个大的维度指向(品德、生活、学习三方面)。可以在阳光等卡后面加补缀,如养料(XX)、阳光(XX)、雨露(XX),做出简单标识。(图5-1-6)

(2)不断得到加分可以使小树不断生长,目前能够看到的是"得分明细"(图5-1-7)。如果更进一步,再增加一个界面,呈现简单的养料、阳光、雨露三方面的统计分析柱状图或雷达图等,这样可以更加直观地看出学生在这段时间里哪个方面加分最多,哪些方面还可以继续努力和改进,无论是教师、家长还是学生自己,都可以以此为参照,做出相应的引导或自我分析和激励,从而朝着更加均衡的方向发展。

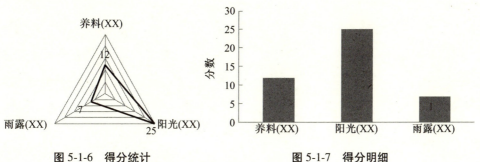

图 5-1-6 得分统计　　　　　图 5-1-7 得分明细

（3）"难忘瞬间"板块用于记录孩子本学期内发生的记忆深刻的事，可以是开心的，也可以是悲伤的。该板块目前没有评论功能，同学之间没有开放可见。"难忘瞬间"应该有学生乐意向大家敞开和展示的内容，也应该有只愿意自己可见的瞬间记忆和感受，建议能够增加一个在班级内公开或不公开的选项。愿意公开的内容，可以分享，让大家能够看到，同时有点赞和评价功能；不愿意公开的部分是说给自己听的悄悄话，记录自己成长中的困惑、烦恼、反思等，这也是自我宣泄、自我倾诉和自我激励的一种途径。这样，云平台应该能够形成一个更为开放、自主的互动体系，实现对学生的激励和促进。

■ 南京市立贤小学　丁敏锐

利用云平台的对策与建议

随着社会的进步和科学技术的发展，人们已经进入云时代。现在智能手机的发展和普及，使小学生可以更轻松地接触到"云"，这既给小学生的综合素质发展提供了新契机，又提出了新的挑战。我校就云平台展开了一系列的尝试，经过一段时间的使用，我将对如何利用云平台改进小学工作提出以下对策与建议。

一、正视云平台在小学生中的应用，树立云平台教育新理念

在与学生和家长的聊天中我们发现大部分学生和家长很喜欢云平台，坦言云平台正在悄无声息地进入他们的生活并影响着他们，所以我们应该开始正视云平台在小学生中的应用。

与此同时，我们发现部分教师由于某些原因不愿使用云平台，例如，掌握不了云平台的操作技术，已经习惯固有的工作模式……这些会让小学工作陷入一个困境：传统工作模式与现实需要之间的脱节。所以帮助小学教师树立云平台教育新理念也成为我们的一个重要任务。对于云平台带给小学工作的影响，要采取一个客观、公正的态度，充分认识到它给我们所带来的翻天覆地的变化，看到其积极影响的同时也不忽视其消极影响。

所以，我认为可以从这几个方面去尝试，帮助小学教师树立起云平台教育新理念：（1）充分认识到云平台对小学生综合素质的重要影响；（2）积极利用云平台，主动将云平台融入平时的工作中，取其精华。

二、充分利用云平台进行家校良性沟通，共同促进学生发展

众所周知，学校和家庭应通过多种形式、多种方法进行沟通交流，从而使家庭教育和学校教育的步调一致，而云平台则可进一步促进两者的有机融合。正如我校开发的云平台评价系统，家长与教师之间可以进行良性的沟通与交

流。一方面，教师可随时随地通过"习惯树"板块向家长反映学生的在校情况；另一方面，家长亦可通过"难忘瞬间"板块向教师反映子女在家中和户外的品行，由此形成学校与家庭的联合互动，构成教育合力，共同促进小学生的发展。

三、积极利用云平台，营造良好教育环境

教育学认为影响个体身心发展的因素主要是遗传、环境、学校教育和个体主观能动性，而环境使遗传提供的发展可能性变成现实，是推动人身心发展的动力。由此可见，营造良好的教育环境对小学生身心的健康发展起到了无法代替的作用。与传统工作模式相比，新型的工作模式给小学工作的教学思路、内容、形式等方面都带来了转变的契机。因此，我们在充分认识到云平台的特点后，需要利用其优势创新教育形式，改善教育环境，从而提高小学生的教育实效性。我认为，以下几个方面可以帮助小学教师积极利用云平台，营造良好的教育环境。

1. 提高小学工作者的云平台运用能力

学校各科任课教师是接触小学生最多的，因此需要切实提高他们的云平台运用能力。

通过与同事、学生、家长的聊天，我发现部分教师不愿意改变传统的工作方式，这就导致在迫不得已进行云平台操作时会出现很多错误的操作，从而使云平台应用效率不高。对此，我认为学校可以定期进行相关培训，帮助小学工作者熟练掌握相关技能。

2. 搭建学校、家庭、社会三位一体云沟通圈

学校、家庭、社会三方任何一方对小学生的影响都不可忽视。于是，三方形成教育合力则变得很重要。学校教师应及时利用云平台将学生的在校情况反馈给家长，做到及时沟通，双方一起为学生的教育保驾护航。同时，学校与社会也要紧密联系在一起，社会应起到监管作用。由此形成学校、家庭、社会三位一体的保护圈，学生才能健康成长。

3. 利用云平台积累材料，丰富教育信息

随着科技的创新，各种云平台都在不断地被开发、推广、使用，这些平台都具有易操作、个性化的特点，给小学教育的发展带来了新的契机。而我校云平台评价系统起到积累材料的作用，例如，小学生可以在"难忘瞬间"这一板块中上传关于自己的材料，而教师可以适当引导，创设某一专题，后期从这些材料中挑选、编辑专题宣传材料，以供大家讨论交流，丰富教育信息，形成良性循环。

综上所述，首先，云平台的出现要求广大小学工作者转变教育观念，培养云平台教育新思维，明确云时代小学教育新目标；其次，小学工作者在实际的教育工作中要积极学习现代化的信息技术，能够灵活应用各种云平台及其相关媒体，充分利用云平台丰富小学教育内容，使其具有鲜明的时代感；最后，小学工作者要善于使用云平台，构建教师与教师、教师与学生、教师与家长、教师与社会等的互动交流平台，共同促进小学教育的发展。

■ 南京市立贤小学　张月

关于云平台使用的感受

今年是我来到南京市立贤小学的第二个年头，对云平台的使用也愈来愈得心应手了，云平台评价系统的功能十分齐全，"习惯树""兴趣特长""学科能力""难忘瞬间"等应有尽有，可以说这个平台把所有与学生学习、生活有关的内容都结合了起来。

首先，它契合了当代"赏识教育"的观点，为赏识学生而去评价学生。就学生的发展来说，评价不仅仅是一种选拔的工具或手段，更是一种促进学生发展的动力。除去学生的学科成绩这些传统的评价外，还有关于学生荣誉、难忘瞬间的记录，这些很多都是孩子们在课外的收获、生活之余的惊喜。在这个过程中，云平台记录了孩子小学六年的成长经历，借助平台交互性、便捷性和线上评价互动性强的优势，丰润、愉悦孩子的童年记忆，丰富孩子的小学生活。

其次，云平台是一个多元评价体系，教师可以在电脑端或手机端为孩子在学习习惯、生活习惯、品德习惯方面进行笑脸评价，家长可以拿着积分卡在微信端加上相应分值，学生同伴之间可以互相点赞和评价，当学生参与社区活动，也有相应的社区评价。让每一位学生在多元评价中发现自己的闪光点，变得自信和阳光，这是我们美好的初衷与愿望。

建议如下：

（1）让形式更加便捷一些。云平台本身在运行时是与微信端紧密相连的，微信的主要功能是聊天，想要进行一些操作，需要不停选择。如果把云平台作成一个独立运行的应用程序，应该会快捷很多。

（2）重视评价的过程而非结果。我们常常说过程比结果更重要，我们也在努力落实，比如，"难忘瞬间"就是对过程的记录，但其实云平台上的很多板块注重的还是结果性的东西，比如，"习惯树"，树的数量、茂密程度都是和积分多少相关的。可以用一些图片、视频来填充树叶，把排名去掉。图片的增多、树的越发茂盛，其实已经能证实孩子们在习惯养成的过程中是不断进步的，这就已经足够了。

■ 南京市立贤小学　尹敏

Chapter 2
第二章

学生篇

"神奇"的云平台

在信息互联网的时代,我们南京市立贤小学有个"神奇"的云平台,学生在家通过云平台就可以了解到学校的许多内容,各种信息都能在这个云平台上汇聚。接下来就让我具体介绍一下吧!

打开我校的云平台,学生家长的名字首先映入眼帘,平台主要由几个小板块组成。最近,我比较关注"德育"板块,这个是我们学生最喜爱的板块了。这里常常会根据当前最新的新闻事件播放相关视频,例如,最近的疫情严重,需要我们加强防范,云平台立刻推送出三个视频,来帮助大家共同学习。我认为这个板块以视频的方式呈现,既扩大我们的视野,又生动形象地传授知识,寓教于乐,我十分喜欢!你看,这个特殊时期的时事热点也成了云平台的重要组成部分,占据了首要位置呢!老师可以通过这个板块轻松了解到学生的居家情况,来保障大家的安全。

在云平台,老师们会将各科学习情况放进里面,学生点开就能清楚地看到所有情况,当我完成提交后,任课老师还能进行点评并反馈。每当看见老师在平台对我的评价和评语,我总感觉非常亲切,就像老师在我身边一样。

　　当然还有两个我个人特别喜欢的小板块,一个是"兴趣特长",另一个是"难忘瞬间"。"兴趣特长"板块可以让我们上传自己获得的荣誉奖状,每当我有突出表现时,就可以将获奖证书的照片上传至里面,既能看见自己的也能看见其他同学的,更能激发我努力学习,积极向上!而"难忘瞬间"板块则记录下了我们成长过程中动人的一刻。比如,这次的十岁成长仪式,我们全年级师生和家长汇聚在一起,仪式中那些感人的瞬间都被记录了下来,非常具有纪念价值。

　　云平台里还有好多功能,使用起来方便快捷,一目了然。它像是一座桥梁联系着家校,更成为我们学生的好帮手。

■ 南京市立贤小学四(3)班　李彦如

小小"习惯树",成就好习惯

老师常常对我们说:"播种行为,可以收获习惯;播种习惯,可以收获性格;播种性格,可以收获命运。"虽然有些句子的内涵我还不太懂,但我知道习惯对一个人一生的成败是起决定作用的。年少的我们,从小种下各种"好习惯"的种子,长大后才能为自己的明天带来甘甜的果实。

怎样让好习惯的养成看得见?怎样激励、帮助我们学生养成良好的习惯呢?为此,我们南京市立贤小学创建了云平台评价系统,点击其中的"自主发展"板块,就能看见反映学生各种习惯情况的"习惯树"的棵数,以及在班级中的排名。学校制作了习惯二维码卡片,分为"阳光卡""雨露卡""养料卡",分别对应学习习惯、生活习惯、品德习惯,这些卡具有分值,家长用手机扫描二维码,可将我们的习惯卡立刻转化为促进"习惯树"生长的积分,"习惯树"便开始成长了。随着积分的增加,"习惯树"从一棵小树苗逐渐长成一棵枝繁叶茂的参天大树,从一棵"习惯树"逐渐长成一片"习惯森林"。

那么该如何获得上述积分卡呢?其实很简单,我通常是通过写小练笔来获取的。开学的时候老师就给我们定下了写小练笔获取积分卡的规则。我在做完作业的空闲时间里,大部分时间都在写小练笔。所以,我的积分卡已经有很多了。而且通过写小练笔来获取积分卡这种方式,使我的写作水平不断得到提高。

每个学期,老师都会让我们上传获奖证书。虽然我每次上传的并不多,但经过长期积累,自然也就越来越多。每当学期结束再次上传获奖证书时,我的心情就会无比澎湃。我怀着满满的期盼,激动地点开,"哇!"我总是不禁发出这样的惊叹。满满一面奖状墙,油然而生的自豪感涌上心头,我的心里像是被灌了几桶蜂蜜似的,甜滋滋的。再往下看,发现我还被列进了班级推荐。这使我的小小虚荣心得到了一丝丝满足。这仅仅是班级推荐的头衔吗?不。这更是我一学期努力的结果。

习惯养成非一日之功,在"习惯树"的陪伴与帮助下,让我们播种习惯,收获希望吧!

■ 南京市立贤小学四(4)班 周睿欣

我与云平台

自从学校开展云平台之后，云平台就成了我学习和生活的一部分。

"哇，你看，我的'习惯树'又多了一棵！"每天回家我总会留意一下云平台中"自主发展"板块里自己的"习惯树"，看着画面上一棵棵郁郁葱葱的可爱的树木，我心里总会美滋滋的。为了提高名次，在学校每天我都会很注重自己的言行。久而久之，我就养成了许多对自身有益的好习惯，这些都是"习惯树"的功劳哟。"习惯树"能够激励我努力学习、端正自身的品行。

每当我不想继续学习的时候，每当我遇到挫折的时候，我总会去看看"难忘瞬间"里那一幅幅照片。这些照片记录着我生活的点点滴滴，看似寻常的照片，总能唤起我那些美好的回忆，让我想起那些给我鼓励、给我带来快乐的人，使我能够重新燃起斗志，全身心地投入学习与生活中。"难忘瞬间"在记录生活的同时，也给我写作文积累了素材。

云平台给我带来了快乐，带来了方便，但我总感觉还可以进行一些小的改进。虽然"习惯树"能够激励我们努力学习、养成良好的习惯，但是还可以更有趣一些。我觉得可以像现在很多教学的 App 一样，让小树产生能量，我们收取能量后，用能量可以兑换相应数额的奖品。这样更能引起同学们的兴趣，可以让大家更多地关注自己的习惯，效果也会大大提升。而"难忘瞬间"，我觉得可以改成"记忆的瓶子"。将那些美好回忆都装在一个个精美的瓶子里，同学们可以通过打捞漂流的瓶子，去欣赏其他人的难忘瞬间，相互评论，也可以增进同学们的交流，将美好传给更多的人。

这些就是我对云平台的看法及我对它的美好愿望，希望我的建议能被采纳哟！

■ 南京市立贤小学六（2）班　赵婧涵

难忘瞬间：记录我的小快乐

成长的过程中，总有很多值得纪念的事情。

有些是生活中的小事，比如，第一次换牙，想到缺了两颗大门牙的自己，我忍不住就想笑。

更多值得纪念的，是在学习中获得的成绩。有时，因为一次作业做得好，老师会给我一封小小的表扬信；有时，因为参加了一些相关的文体比赛，我获得了名次；最开心的是每学期期末，因为学习成绩优秀，并且对自己担任的班委工作认真负责，我获得了老师和同学们的认可，当选为三好学生。这些大大小小的成绩，成了我前进的动力。可是随着获奖证书越来越多，我发现查看自己的成绩似乎越来越麻烦了。

幸运的是，我们生活在一个互联网时代，万物互联，生活中的点点滴滴，只要你愿意，都可以被上传到互联网中的某个平台并被保存下来。我的学校就很贴心地为同学们搭建了一个保存美好回忆的平台。

每当我们取得不错的成绩，只要拍照并上传获奖证书，就可以将这些获奖证书的照片保存在互联网中，不仅不占用实际的生活空间，而且更方便查看，只要一部小小的手机，就能做到一切尽在掌握中啦！

每当我想偷懒的时候，我就会拿起手机，到云平台快速查看自己获得的成绩，并告诉自己，没有付出，就没有收获。自己还不够优秀，必须要更努力才行。

■ 南京市立贤小学六（3）班　谢心怡

云平台，我想让它更好

我使用学校的云平台已经有一段时间了。除了常规的成绩统计和作业布置以外，我最喜欢的一个功能是"难忘瞬间"。通过这个平台，我上传了许多有意义的照片，比如，参观台北"故宫"，参加足球比赛，等等。有空的时候去翻翻这些照片，那些激动人心的时刻仿佛又浮现在我眼前。

对于云平台，我有三个建议。我使用过一些手机 App，那些软件有很多实用且有趣的功能。第一个建议是我们的"难忘瞬间"板块可以采纳这些功能。我建议在"难忘瞬间"板块下增加类似于微信朋友圈的功能，同学可以对我的相册点赞、留言。同学之间可以相互看到对方有哪些难忘的经历和体验，相互交流沟通对某件事的看法，加深友谊，这是相当实用的。

第二个建议是增设读书角的功能。这个功能可以与学校图书馆的系统相连接，增加借还书管理、优秀书目推荐系统，能够实现同学间电子图书的相互赠阅，等等。读书可以充实你的大脑，丰富你的思想，提升境界，改变气质，对人的言行举止、处世方式都有益处。书本中的知识可谓是包罗万象，读书也可以扩大知识面，开阔视野，对我们的学习是有很大帮助的。

第三个建议是增设一个时事角的功能。作为一名合格的小学生，我们不仅要用心读书，还应该及时关心时事，关注国家发展，为当好社会主义事业的接班人做好准备，这样才能得到综合的发展。时事角可以定期发布国内外的重大新闻，让同学们留心注意学校和班级的重大新闻，了解重要体育比赛的情况，知道最近流行的病是怎样产生的，应该做哪些预防，等等。对一些热点话题，还可以做类似于网络论坛之类的讨论。同学们可以各抒己见，这样的讨论可以开阔我们的眼界，提高书面表达、查找问题、搜索资料、统筹分析的能力等。能够让同学们开动脑筋，从多方面去考虑问题，进行发散思维。

云平台评价系统能够为我们提供更多的优质资源，让同学们在课堂外也能及时和老师、同学交流。我喜欢这个平台，希望它的功能越来越强大，成为老师的好帮手、我们的好朋友。

■ 南京市立贤小学六（4）班　张家瑞

我心目中的云平台

四（1）班　李昊月：自从进入南京市立贤小学的大家庭，我们就拥有了这个云平台。在这个平台上我用一个个良好的表现细心浇灌我的"习惯树"，把一张张记录成长点滴的照片上传到我的"难忘瞬间"……我想把在南京市立贤小学里的所有美好回忆都记录在这里，它就像我的一本成长纪念手册。

五（3）班　林心怡：平时在学校我们表现好就可以得到积分卡，爸爸、妈妈和老师就可以在云平台上为我们的"习惯树"浇水，"习惯树"会一天天长大。如今，我们的小树苗都已长成参天大树了呢！每次我获得了奖状，妈妈就会帮我上传到云平台。这样同学们就可以看到别人的兴趣和特长，互相留言，老师还会根据奖状的多少进行一个班级排名。每次我们在学校的考试成绩都会第一时间被上传到云平台，让爸爸、妈妈知道自己成绩的走势，所以就算爸爸、妈妈再忙，也可以关注到我们的学习。如果有问题也可以及时找出并解决，因为这个，我的成绩也提高了不少。我觉得云平台对我们有很大的帮助，无论是课内还是课外。

五（4）班　陆子遥：我最喜欢"自主发展"中的"习惯树"。因为它可以让同学将各自的好习惯进行比较，让同学知道各自在习惯方面的优缺点。比如，在课堂上回答问题是否积极，上课听讲是否专心，这是很重要的，因为只有意识到自己的缺点，以后才能做得更好。再比如积极参加集体活动，老师也会通过加分的形式来鼓励大家充分展现自己，培养我们的兴趣爱好，增强我们的自信心。通过加分，我们的小树苗越长越高，越长越茂盛。我们要继续努力让小树苗茁壮成长！

六（1）班　熊晨熙：学校特别设立了云平台，我们能在云平台上展示本领，分享自己的各项活动，还能得到同学的夸奖和老师奖励的积分呢！我最爱的一个板块，就是社会实践里的"难忘瞬间"。参加有意义的社会实践活动，能让我们更好地融入社会，感受生活，增强对社会的认识，增强我们的社会责任感。在"难忘瞬间"这个板块里，我们可以上传参加的各项社会实践活动的照片和视频，写下自己当时的心情和感受，让我们的美好记忆得以留存。我经常把自己参加社会实践活动的照片和视频上传到"难忘瞬间"，同学们看到我参加的环保活动、图书管理员活动、红色传颂经典活动等，都纷纷对我表示称赞，并争相学习。

Chapter 3
第三章

家长篇

信息时代"教"与"学"的与时俱进
——记云平台使用感受

"是故学然后知不足，教然后知困。知不足，然后能自反也；知困，然后能自强也。故曰：教学相长也。"我是南京市立贤小学四年级的一位普通的学生家长，见证了孩子学习成绩的提升，见证了学校为孩子的学业付出的努力，见证了孩子的成长，更见证了学校的迅速崛起，同时也深切感受到了"蓬生麻中，不扶而直"的道理。在学校推出云平台后，我们家长又多了一个了解学校教学和学生学习情况的渠道。下面就这几年的使用情况做一个简单的反馈。

云平台是一个以学校为主导，发布信息、接受反馈的网络平台。平台包含的板块，涵括了学生在校的日常活动。能让家长清楚地知悉自己孩子的在校情况，及时获悉学校的各项活动，较全面地了解学生在校所做的各项事务。这不仅昭示着学校各项校务工作的透明、公正，也给了学生家长一个了解学校、参与校园活动的机会。

云平台在学生了解课外知识、拓展眼界、树立正确的三观方面起到了重要的补充作用。有一句话讲得很好：家庭、学校、社会，每多一个"扶手"，他们就能走得更稳一点、更远一点！我们的孩子除了正常的文化学习外，更要树立正确的人生观和价值观；既要树立远大的人生理想，也要有良好的习惯，更要有互助友爱的社会责任感。我想这也是这个云平台创设的初衷吧。

  云平台中还有一个很有意思的板块——"难忘瞬间"。"难忘瞬间"是给孩子保存记忆的地方。我们经常将一些有意思的、难忘的时刻用照片或影像的形式记录下来，上传到"难忘瞬间"里，并且写一段话，表达当时的心情。这样，尽管随着时间的流逝，记忆会慢慢模糊，但精彩的瞬间永远地保存在"难忘瞬间"里。而当我们翻看记录时，过往的一幕幕难忘的时刻都会如电影一般再次呈现在我们的眼前。"难忘瞬间"记录着精彩，也记录着孩子的童年。

  一个应用平台是否受欢迎，主要体现在是否具有实用性和便捷性。云平台在这两个方面无疑是成功的。而事实上云平台做得更多，它不仅为学校和家庭搭建起一个沟通的桥梁，而且将课堂知识进行延伸，让孩子更多地了解社会，学习做人。祝愿云平台越办越好，祝福我们辛勤的园丁们桃李芬芳！

■ 南京市立贤小学　四（3）班　汪刘宁家长

立贤云平台
——教育信息化的"使者"

众所周知，家校密切的联系有利于提高家长对家庭教育的认识，使家校教育产生合力，从而为孩子创设良好的成长环境。家校联系也是现代青少年教育中非常重要的一环，是家庭、学校、社会三位一体的，缺一不可。基于在传统形式下家长与老师在特定的时间里难于同时出现的现状，南京市立贤小学推出了云平台，成功地化解了这一难题。系统通过与微信完美对接，有效提高了家校合作的效果，让我们足不出户也能够实时快捷地了解孩子在校的表现情况，学校有任何通知也能在最快时间知道并且做出回应，与老师的交流也在网络的支持下变得更加自由。

1. 开拓全新育人环境，为德育提供了新途径

"德育学堂"作为课堂德育的延伸和扩展，将爱国主义教育、中华优秀传统文化教育和革命传统教育融入一个个视频中，强化德、智、体、美、劳全面培养，"德育学堂"通过视频直观、生动、形象地呈现给学生，丰富了德育教学内容，更为学生喜闻乐见。

2. 有助于家长了解孩子在校表现，开展针对性教育

每个学生的性格、能力、爱好可能是不一样的，学生在学习与成长过程中也可能出现不同的特点：有人学得快，有人则慢些；有人成熟得早，而有人成熟得晚；有人兴趣比较广泛，有人兴趣比较单一。家校沟通能帮助家长了解自己孩子在行为习惯、学习成绩等方面的表现，开展针对性教育。现在很多家长由于诸多原因，或无暇顾及孩子的学习，或根本无从管理孩子的学习，但他们自身又很想关心孩子的成长。通过家校互通，他们了解到学校和班级近期的教育内容、孩子成长的教育氛围和孩子在校的表现，及时和老师互通，从而正确地把握孩子的个性心理特征，相互支持，共同研究教育措施，所以在信息技术支持下的家校互通最终受益的是学生。

3. 推送问题，问需于学生，问"政"于家长

这一云平台不仅可以每周展示学生食谱这些细节，还能利用强大的互动功能，实现调查和收集家长意见等。如在新学期开学伊始，我们就会收到关于对学校服务管理、教学活动甚至课程安排是否有更好的建议的调查，当家长们收到这条信息时，就是一次家校互动的开始，家长们不仅觉得暖心，也为自己能够参与学校的建设感到自豪。参与到孩子的学习中，这极大地激发了我们家长的热情。

在数字化理念和信息技术快速发展的今天，学校的云平台将学校教育和家庭教育有机地融合到一起，而且手段灵活多样，各有侧重，让家校间相互作用，相互依赖，更好地促进学生的全面发展。

■ 南京市立贤小学　四（1）班　曾逸家长

扬声筒　推动器　传令官
——南京市立贤小学云平台使用心得体会

南京市立贤小学云平台是由本校立足于微信企业平台开发的，是以教学计划、习惯养成、德育塑造、家校互动为主题的网络信息化阵地。平台主旨是促进学校的教学与家庭的育才理念相互持续深入融合。通过云平台，在学校和家长之间架起沟通的桥梁，构建交流的纽带，实现家校信息交流的便捷互通，达到学校教育与家庭教育相互促进、相互补充的目的。

1. 云平台是学校教学信息公开化的扬声筒

云平台符合学校教学理念及满足家长对学生校内表现知情的需求，将学校教学计划和学生德才表现的综合信息体现出来，实现了家庭对孩子校内情况全方位的了解和掌握。云平台评价系统分成"自主发展""文化基础""社会实践"3个子单元。"自主发展"单元分别记录孩子的习惯养成、兴趣和特长。正如孔子说："少成若天性，习惯如自然。"事实上，只有养成了良好的习惯，才能发挥出巨大的潜能。因此，平台中的"习惯树"使孩子认识到好习惯的养成要不断地身体力行，好习惯的养成要不断地点滴积累。兴趣和特长是孩子独特性和唯一性的重要体现，兴趣能激发孩子的创造力和想象力，特长能锻炼孩子的品格和毅力。兴趣和特长的记录让孩子将自身优势展现于外人，让他们为自身努力而喝彩，为自身成功而骄傲，让特长成为他们成功之路的不竭动力。"文化基础"单元通过短信形式让家长随时了解孩子的学习状况，及时调整孩子的学习状态，参与孩子整个学习历程，做到家校密切联动、互相协助，成为孩子成长进步的最大助力。"社会实践"单元则是通过收集孩子平时的难忘瞬间，通过图片和文字的记录，让孩子成长经历中的闪光点永久定格，提高孩子社会活动的积极性及参与社会活动的荣誉感和获得感。

2. 云平台是学校德育的推动器

育人为本，德育为先。德育是学校教育的灵魂，是促进学生思想健康发展的重要保证。因此，提升德育工作的实效性是学校教育理念的重要组成部分。云平台通过"德育学堂"模块将身边先进人物的事迹和科普小知识以短视频、小动画的形式展现出来，用讲故事、"现身说法"等方法对孩子进行循循善诱的引导。让孩子联系自己的思想和生活实际，以自我意识为基础，进行自觉的思想感知和转化，从而完善自我教育，对照道德规范的要求，严格要求自己，督促自己，达到自觉调控言行的目的，从内在动力出发，养成良好的行为习惯。

3. 云平台是家长信息反馈的传令官

苏霍姆林斯基曾说："教育的效果取决于学校和家庭教育影响的一致性。"学校教育与家庭教育应该相辅相成，加强两者之间的沟通互动显得尤为重要。云平台设立了"找老师"这一模块，让家长在第一时间联系到各科老师，第一时间了解孩子在校的最新动态，第一时间完成有效的沟通。家校双方通过使用云平台对孩子的了解进一步加强，从而实现了更好的教育合力，大大疏通了孩子教育中的堵点、痛点，提高了学校教学的有效性。

南京市立贤小学云平台是一个家校互动的精彩平台，是家校共育的全新模式，是家校一体化的重要践行。作为家长，我希望平台将来更贴合家校实际，从教育点滴中发现新动力，从教育细节中挖掘新源泉，真正实现家校和谐共存，成为立德树人的助力器。

■ 南京市立贤小学　五（1）班　杨蘅力家长

工欲善其事，必先利其器
——云平台之我见

"山僧不解数甲子，一叶落知天下秋"，说的是山上的和尚不知道如何计算甲子日历，只知道观察自然，看到一片树叶落下就知道秋天已经来了。现代商业、工业飞速发展的今天，我们的生活发生了翻天覆地的变化，各类信息的来源不再仅仅局限于周围的事物。

记得我们上学的20世纪八九十年代，家长对于孩子的了解仅仅是期末考试后的那一张成绩单，抑或是闯祸以后老师的那句"请家长"。其实学生时代的我们多么希望父母在忙碌之余抽空了解一下自己孩子在学校学习和生活的情况。由于条件所限，这种想法在当时看来确实难以实现。

孩子有幸加入了南京市立贤小学这个大家庭后，我第一次接触到了学校云平台这个家校联系工具。这个云平台可以说是一个把家长、老师及学校紧密联系在一起的互动平台，特别对于我们这些双职工家庭来说犹如及时雨。这个平台把我们家长的所思所想都想到了，甚至没有想到的也想到了。家长无时无刻不想了解孩子在学校的学习情况，可是由于工作繁忙，苦于没有时间跟老师当面沟通，而现在我们可以在这一平台上，跟孩子所有的任课老师沟通，随时随地都可以了解孩子在学校的状况，实现无障碍联系。这个平台把家长和老师紧密联系在一起，让家长更加全面地了解自己的孩子。孩子在学校的学习成绩是家长们比较关心的地方，我们可以在"自主发展"这个板块看到孩子所有科目的成绩，连成绩分析表都提供了。这个分析表详细地列出了孩子每次考试成绩的折线统计图，方便家长从中找到学生的不足之处，及时查漏补缺，对孩子的学习成绩真正做到心中有数。"工欲善其事，必先利其器。"不知不觉孩子已在学校快乐地升到了五年级，孩子从刚入学时的不知所措到现在的学有余力，不得不说这款云平台让我们受益匪浅。著名教育学家叶圣陶先生说："什么是教育？简单一句话，就是养成良好的习惯。"正是有了一代又一代教育人殚精竭虑的付出，培养了一批又一批各界精英，才得以让中华民族在这片神州的大地上繁衍了五千多年，才得以让中华文明生生不息，传承至今。

■ 南京市立贤小学　五（2）班　韩嘉怡家长

让云平台更全面、便利

随着网络技术的进步，信息技术在教学中的应用越来越广泛。自上学期来，作为一名学生家长，我学习使用了南京市立贤小学的云平台。经过一段时间的应用，我对这个平台有了一定程度的了解。作为终端用户，对于这样的云平台，我们的关注点只有两点：全面性、便利性。

1. 全面性

云平台是课堂教学的有益补充，学生家长关注的是在这个平台能够得到比电话、微信、QQ或者其他沟通方式更多的有关学生学习和在校表现的信息。目前，学校的云平台主要分为3个组成部分："自主发展""文化基础""社会实践"。在文化基础这一项中我们能够看到学生的历次成绩及相关考级信息。社会实践项目中可以看到"难忘瞬间"，这主要是学生自行上传的学生本人参与的社会活动的相片。

作为家长，我们想从"习惯树"这一板块中观察孩子具体养成了哪些好的或是不良的习惯。我们想更加全面地了解：在"习惯树"的后台设置当中，哪些习惯是加分项？哪些习惯是减分项？这些习惯各自所占的权重是多少？我们希望，从"习惯树"的反馈当中，能够得到更多的信息，这有助于家校联动，帮助孩子养成良好的学习和生活习惯。

学生可以将自己参与的一些社会活动的相片上传至"难忘瞬间"这一板块，这是本平台的一个亮点，但目前这个项目只对学生和家长开放上传权限。智能手机的拍照功能相当强大，家长也希望学校和老师能够利用这个平台，将孩子们在学校的学习状态、课余活动、同学间的相处等多多拍成照片上传。这些美好的回忆不仅会留在云平台上，相信也将深深地刻在孩子和家长们的心里。

在"文化基础"栏目中，除了记录孩子的成绩和考级信息外，作为家长，我们还希望能够有知识点的汇总、历次试卷的电子版、错题的登记与解析等。

学校也可以开设课程介绍、教学要求、课程讲解、文字材料、常见问题、课程答疑、课程串讲、课程作业、模拟试题等栏目，如果我们的平台增加一些这样的功能，会对学生的学习更有助益，家长也能有的放矢，据此对孩子重点辅导。

2. 便利性

  云平台的栏目名称设置值得商榷。目前是"自主发展""文化基础""社会实践"这三项。这样的名称不够直观，初次接触者不能迅速理解这些项目的含义，往往需要点开之后才能了解下一级菜单的具体内容。这种操作多了一级无意义的菜单，便利性不够。

  一个良好的软件操作界面布局应合理、美观、简捷、实用，给用户一个良好的印象。云平台也应当是简单易用，"所见即所得"，应做到：用户不必花大量时间和精力学习深奥的用户手册，无须按照很复杂的程序就能进行一项操作。因此，建议直接将二级菜单中的"习惯树""兴趣特长""过关考级""学科能力""难忘瞬间"等设置为一级菜单。这样既便捷了操作，又使用户对功能项一目了然。

  在线学习平台是一个新生事物，我们衷心希望它能够更加完善，更加便利，更有效地提高家校交流的效率，为学生的学习发展提供更大助力！

■ 南京市立贤小学　六（4）班　张家瑞家长

云平台——成长的见证

六（1）班　杨奕轩家长： 随着科学的不断进步，云计算、大数据、人工智能等时髦的词汇不断涌现到我们的面前。但是作为一名非技术人员是比较难理解这些高科技手段是如何提高人们的生活水平的。作为一名家长，我有幸体验了一回。打开手机就能轻松感受到云平台给教育带来的各种便利。它像一位管家，对孩子在学校的学习与生活掌管得面面俱到。令我印象最为深刻的是"兴趣特长"板块。它见证了孩子成长的每一个脚印。所获奖项一栏可以浏览孩子在每个学期的努力，重温每一个精彩的瞬间。记录中还保留着任课老师的评价与鼓励性的话语。任由时光流逝，每一次的回顾总是历久弥新，激发每一个学子勇往直前，超越自我。云平台是一位老朋友，总是在我们需要的时刻给予帮助，可靠又值得信赖。科技的发展日新月异，人们的需求也越来越高。我觉得云平台如果增加语音互动、在线辅导等功能，提供更多可视化的服务，会使平台更具活力与潜力。

六（2）班　杜睿婷家长： 有幸与所有的立贤家长和孩子们一同感受云平台的方便、快捷，我很高兴，也有很多收获。云平台项目打造了一个多样化的平台，让老师、学生、家长都能进入平台，扮演不同的角色。这个平台融入教学、管理、学习、娱乐、交流等各类应用工具，让教育真正地实现信息化。云平台扩展了教育深度，扩大了教育范围，促进了学习方式的转变，提高了学校信息化管理能力，让我们真真正正地感受到新时代的教学方式和网络时代带来的巨大变化和好处：为孩子学习提供了各种应用软件，为我们家长提供了极大的便利。云平台让所有的学生、家长和老师有了学习和交流的平台，孩子有了展示自己的机会。学生空间让我们看到了孩子们用心浇灌的一片天地，精彩夺目！我们深深感受到自己是云平台最大的受益者。

五（3）班　林心怡家长： 立贤的云平台内容广泛，包含了校园新闻、学校公告、教学动态、德育学堂等。规范透明的管理给老师、家长、学生提供了便捷。通过微校平台，学校老师可以轻松完成对班级的管理记录，掌握班级学生从入学开始的所有动态，随时保持和全班家长的沟通，有效记录班级学生的情况。作为家长，我们可以通过接收短信的形式随时了解孩子在学校的情况、成绩、表现等，也可以通过查看孩子的成绩走势分析，以最快的方式找出孩子的问题所在。即使我们家长工作繁忙，也不会疏忽对孩子的教育。学生可以记录自己的成长和收获，培养动手能力，丰富课外生活。这是一个有益于学生、有益于老师、有益于家长的平台，是值得我们去用心使用、用心维护的平台。

五（4）班　陆子遥家长：校云平台使用方便，简捷易操作，页面内容直观，满足家长对于孩子在校的学习情况和生活情况的随时全面掌握的要求。这是一个孩子喜欢、家长满意的平台。平台中的内容丰富，包括"自主发展""文化基础""社会实践"，体现了学校对孩子们全方面教育的重视。

孩子对自主发展中的"习惯树"最为喜欢：老师对孩子学习态度、课堂表现、课后行为进行打分，使孩子的"习惯树"树苗慢慢成长。通过"习惯树"里老师的加分，不仅能知道一个学期以来孩子有哪些进步，也能知道还有哪些方面需要改进；"习惯树"还能让我们看到孩子的表现在整个班级的情况，大家一起比一比谁的树苗多，谁的树苗长得好，这样大家就可以你追我赶一起进步。"习惯树"督促、陪伴着孩子一起长大，结出果实。作为家长，我觉得"社会实践"里的"难忘瞬间"非常有意义，因为这里给我提供了一个记录、保存孩子成长轨迹的平台。每一次的实践、挑战都记录下孩子当下的进步和收获，当我们回顾这一学期或者这一学年的记录时，能看到孩子的努力和付出，也能让孩子见证自己的成长。

希望云平台中的其他板块内容能及时更新，以便家长们能更好地了解学校的动态，让家校联系更紧密。

part 06
第六部分

社会视角

Chapter 1
第一章

立贤小学前瞻性项目
参展第四届中国教育创新成果博览会

1. 汇聚

2018年10月,由江苏省教科所推荐,南京市立贤小学2018年立项的江苏省前瞻性项目"借助云平台激励儿童自主成长的实践探索"作为江苏省优秀项目,申报并顺利通过第四届中国教育创新成果博览会(以下简称"教博会")审查。2018年11月11日,我校来到珠海国际会议展览中心,参加了为期4天的展览。

12日上午,朱春明校长作为本项目的邀请嘉宾,参加了此次开幕式,学习了诺贝尔奖获得者乔治教授关于"教育创新"的主题演讲,以及企业家代表新华三集团总裁于英涛先生分享的企业与教育精神。

连续几天来,朱校长从不同角度向来宾进行了宣传,包括顶层设计、平台模块、创新点、推广价值等。精彩的介绍及本项目本身的内容,陆续引起了大家的广泛关注。云平台项目带来了项目主题视频、PPT、平台演示、项目彩页、展台主背景、项目申报书、学校彩页、项目简报8个内容,通过展台展出、工作坊汇报演示、材料交流等形式顺利完成展出，吸引了江苏省内特级教师、校长、各级领导的关注，还吸引了省外专家、老师浓厚的兴趣。

12日下午，南京市立贤小学教科研高洁副主任对本项目承办的工作坊，向与会嘉宾进行了更为细致的汇报。她主要从项目的缘起、项目的实施规划、项目实施的具体内容、项目的突破点等几个维度进行了剖析和解读，让台下嘉宾更好地对整个项目有全面的认识。这也吸引了来自国内外众多的嘉宾和参观者的目光，他们纷纷进行了细致的咨询与了解。

14日上午10点25分，教育部吕玉刚司长在视察区域馆时，听说我们来自江苏省南京市玄武区，饶有兴致地来到南京市立贤小学的展台前，听取了简要汇报，给予了充分肯定，并做出重要指示：继续好好努力，研究下去。

15日，朱春明校长作为邀请嘉宾参加了闭幕式，听了另一位诺贝尔奖获得者中村修二教授的精彩演讲。有了多位教育领域内极负盛名的专家的引领，相信南京市立贤小学的前瞻性项目会走得更远。

2. 交流

朱春明校长对来自全国各地的教育企业就"如何扩展教育资源和整合课程"等做了充分的了解,并了解到最新的人工智能(AI)技术在教育与学校中的作用模式。

高洁老师还亲自体验了我国非物质文化遗产金箔画的技艺,打开了南京市立贤小学"新六艺"儿童校本课程的创设思路。

对于学校即将启动的STEAM+课程,也进行了有针对性的相关学习。南京共6家单位参展,南京师范大学附属小学在此次会展上举办了唯一一个由小学主办的精彩论坛,也给学校项目带来了很大的启发。

3. 变革

本次教博会是一次变革的机遇,更是一个提升的平台。南京市立贤小学的云平台项目在本次教博会不仅进行了展示、交流、宣传,而且明确了这个项目下阶段迭代升级的思路:让这个云平台充满动能,激励每一孩子自主成长;让这个云平台将智能分析和教师支持相结合,成为支持每一个孩子个性化教育的资源。相信这对南京市立贤小学将是更大的挑战与提高!

Chapter 2
第二章

助力学生自主成长
看南京市立贤小学打造的智能化云平台

由南京市立贤小学申报实施的"借助云平台激励儿童自主成长的实践探索"是江苏省基础教育前瞻性教学改革实验项目。该项目是学校在对《我的成长脚印》多年研究的基础上,实现的教育的信息化转向。"为了儿童,理解儿童,研究儿童,发展儿童"是南京市立贤小学全体师生的共同追求。

南京市立贤小学建于2007年,原"南京市成贤街小学分校","做最好的自己"这六个字校训是全校师生的座右铭,"用明天的趋

用明天的趋势教育今天的孩子
——借助云平台激励儿童自主成长的实践探索

势教育今天的孩子"是学校的教育观。校园由感恩路、心愿廊、灵动若水、缤纷跑道、习惯墙、榉娃看世界、立贤大舞台、立贤无方雕塑等 18 个主要景观共同组成了"立贤园",别具匠心,充满书香气息。

10 年来南京市立贤小学一直致力于学生评价体系改革的探索。从 2007 年的纸质报告书开始,到 2013 年开始开发研究电子校本素质报告书。随着科技的进步,电子化成为趋势,传统的纸质报告书只重视结果而不重视过程,无法满足孩子在成长过程中被完整记录的需要,于是 2016 年在电子校本素质报告书成形的基础上,打造出智能化的云平台设计系统,运用云平台及智能分析技术,全方位发挥激励功能,用新技术手段带给儿童多样化的学习体验。

南京市立贤小学校长朱春明说,传统的《校本素质报告书》的纸质性决定了它是相对片面而非全面的,而云平台技术的不断创新,突破了传统的《校本素质报告书》的限制,为孩子每一天的成长带来了一份合理化定制的教育资源。南京市立贤小学所开展的江苏省前瞻性项目"借助云平台激励儿童自主成长的实践探索"正是饱含着解决上述问题的期待诞生的。

"借助云平台激励儿童自主成长的实践探索"项目是借助互联网电脑端、手机微信端,运用互联网技术,基于激励儿童自主成长的理念,打造的一个互动平台。平台记录小学阶段儿童各方面的成长数据,尝试从多维度对数据进行智能分析,平台将《我的成长脚印》中的部分内容进行保留,初步确定 4 个重点建设维度:多元智能、认知风格、知识结构、习惯养成。在云平台设立以下子板块:"我的好习惯""我的兴趣点""我的学科吧""我的小课程""我的瞬间秀""其他指向鼓励儿童自主成长的空间"。旨在打造一个供学生、家长、教师三方使用的互动平台,借助数据存储及智能分析,激发其参与学习活动的积极性和主动发展的意愿。

南京市立贤小学教科室主任高洁介绍,项目设计之初,进行了顶层设计,平台分为"自主发展""社会参与""文化基础"3 个维度。包括"习惯树""难忘瞬间""学科能力""兴趣特长"等子栏目,借助云平台激励儿童自主成长，采用智能化、个性化、精准化分析等，更准确、及时地记录儿童一个阶段内完整的成长情况。

南京市立贤小学六年级学生评价云平台时说，他喜欢电子报告书，因为它就是一个电子成长档案袋，记录他们珍贵的小学阶段的点滴。它方便保存，不易丢失。形式更加多样，难忘的瞬间可以通过照片、视频的形式保存下来。

整个平台包含了三大支持系统：技术支持系统、评价支持系统、教师支持系统。该平台最大的特点在于评价的可视化、实证性，多元化主体评价，过程性、智能化分析，真正做到全景记录、全程互动、全面促进。

南京市立贤小学设计了"习惯树"的评价与激励体系。每个学生只要登录南京市立贤小学公众号，打开自己的个人主页，就会看到属于学生自己的"习惯树"。每当学生在习惯养成方面有优秀表现或取得进步时，各科老师会及时地发放习惯卡，这些卡片可以为"习惯树"浇灌养料，让它成长。通过任课老师及班主任在日常学习和生活中从不同维度给学生进行过程性评价，积分不断增多，孩子的"习惯树"慢慢长大、长高。

云平台收集数据所形成的雷达图分为六个维度和三大类，三大类即学科类、校本课程类和习惯类。雷达图的展示，可以让家长和孩子本人看到发展趋势，达到激励儿童自主成长的目的。

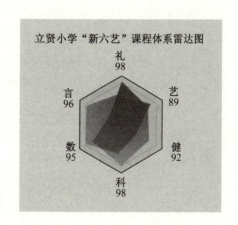

成绩折线统计图是借助后台对具体分项数据的录入与计算所产生的。比如，今后在面对两张分数接近的试卷时，教师可以准确把握不同孩子的失分原因和

用明天的趋势教育今天的孩子
——借助云平台激励儿童自主成长的实践探索

成绩走势,更精准地了解儿童个体的兴趣爱好和发展倾向,进而给予针对性的发展建议。南京市立贤小学副校长周键告诉记者,这个平台已经进行了两次迭代,这种形式的操作更加方便,反馈更加及时,以前的素质报告书是一学期填写一次,而云平台的反馈可以渗透到每天的教学中去。最主要的是大数据分析更加直观,有指向性,一目了然,方便及时发现问题、调整方向。今后将不断优化,以发挥平台的最大作用。

在评价系统中,以新技术手段带给儿童多样化的学习体验,从午餐、早操、礼貌打招呼、桌椅整洁等各方面激励其参与到良好习惯的养成中。儿童自主评价、同伴之间的再评价及家长和老师的评价,进一步实现了多元评价、多元激励、多元广泛的诊断和指导。

每个月,学生、家长、教师都会围绕学校的15条习惯操作要点进行自评、同伴评、家长评、老师评。云平台评价系统主要围绕着"我的好习惯"等子板块进行记录和多元化自主评价。

"我的好习惯"这一栏,基于品德、生活、学习三个方面,学生自己、同班同学、家长、亲友、任课教师、学校职工都可以共同参与到对儿童的评价中,学生可以对各方评价进行"后续自主反馈"的改正,并开展与同伴之间的再评价。

"我的学科吧"这一栏中教师命制了适应不同年段的题库,对成绩特别优异的学生则进行嘉奖。能力突出的学生可以申请挑战更高级别的过关考核。学生的学习热情和积极性被充分调动,多学科全能力共同发展。

"我的小课程"这一部分重点结合儿童的认知风格,在儿童成长性评价体系中,注重学生的自我感知和自我评价,让学生评判出自己最感兴趣的课程,为下一阶段提出自己的努力与改进方向。

"我的兴趣点"分为"发现兴趣""培养兴趣""培养特长"三个方面。学校有40多个社团,定期开展丰富的社团活动,拥有十余本校本教材,目的是为了广泛培养学生的兴趣爱好。教师会对学生的特长发展提出指导性建议,并及时记录在"教师建议"栏目中,学校以"学习成绩=习惯+分数+特长"为教学质量观。

"我的瞬间秀"这一板块专门用来记录孩子本学期内发生在他自己身上的记忆深刻的事。我们认为，每个孩子的记忆和体验都是独特的，如果把它们在孩子成长的过程中记录下来，将是孩子一生最宝贵的财富之一。

此外，预留了"其他指向激励儿童自主成长的空间"板块。

南京市立贤小学德育主任孙晓璐介绍，这种多元化主体的评价，让学生不再是被动地被他人评价，家长不再是学校教育的旁观者，家校共同关注学生习惯养成的点滴变化，借助网络直观、动态的形式引导学生逐步学会自我认识和自我教育，养成良好的行为习惯，不断促进自身全面健康发展。

在教师支持系统中，发展借助云平台激励儿童自主成长的教师支持，进行过程性诊断与多维度评价，进行有趣的、适应儿童的激励，还通过家访、教师评价等手段来实现教师支持。

南京市立贤小学教导处主任陈泱告诉记者，云平台系统力求形成"多元智能、认知风格、知识结构、习惯养成"4个维度上的支持儿童发展策略。南京市立贤小学研发出的供学生、家长、教师三方使用的互动平台已经开始使用，有针对性地对学生学

习、品德、生活上的每个习惯养成进行激励教育。

江苏省教育厅领导及省市专家进行调研时，对南京市立贤小学习惯教育和特色课程给予了很高的评价，并做出重要指示：围绕促进小学生综合素质发展研究中"小学生综合素质"这个核心，边研究，边实践，做好不同层面的规划；给孩子能带得走的好习惯，让其成就孩子的一生。

南京市立贤小学校长朱春明表示，发展性评价更能促进孩子素质的提升，所以把发展性评价作为评价的强调点。多元主体评价包含以下方面：儿童、教师、家长、同伴，甚至是社会。其中，儿童自主性评价及同伴评价是南京市立贤小学的一个尝试。在传统的评价当中，儿童自主评价和同伴评价相对容易被忽视，之所以突出儿童自主评价，是因为在儿童成长的过程当中，他自己对自己的评价及同伴对他的评价，在孩子心目当中会产生强大的影响力。因此，突出孩子的自我评价，突出同伴的评价，通过这样的方式，更多元地反映孩子的成长，更多元地促进孩子的成长。

南京市立贤小学在前瞻性项目的研究过程中进一步提升教师对学生发展和评价的科学认识，打造一支善于利用工具对学生进行科学测评的教师团队。"博学之，审问之，慎思之，明辨之，笃行之"，南京市立贤小学将继续坚持以课程建设等发展教育内涵，以科研引领打开教育新局面，着力提高学校教育科研水平。南京市立贤小学一直在努力着、前行着。

■ 南京晨报　刘颖

part **07**

第七部分

困惑引领前行

Chapter 1
第一章

从未来回看现在

在大数据、云平台等技术已广泛应用于不同领域的背景之下，海量的信息资源对教育领域不断进行着冲击，移动互联网技术的飞速发展，对教育教学的影响已经日趋深化，教育资源、学习环境、学习方式都在发生着日新月异的革命。李克强总理提出的"互联网+"的新概念，也驱动着中国传统学校教育教学结构进行深刻变革。"互联网+"代表着未来全新的生活方式、生产方式及社会形态变化的趋势，这是不可阻挡的时代发展趋势。

教育是面向未来的事业。"从未来回看现在"则是教育人需要具有的教育眼光。建设一个多维度、更灵动、更便捷的成长记录体系，激励儿童自主成长，成了每个教师必须要思考的问题。本平台的研究，正是基于信息网络，多媒体技术能够以声音、图像、影像等直观、生动的形式创设生活情境，使学生身临其境、激发情感。重点打造云平台多样化版本，细化激励体系，完善激励功能，扩大评价主体，关注过程，使得我校的孩子在小学六年间的综合素质发展都能记录、体现、反馈在这一朵多姿多彩的"云"上。基于这一理念，我们的云平台形式能够更准确、及时地记录儿童每个阶段内完整的成长情况，这种多元化主体的激励模式，让学生不再是被动地被他人评价，家长不再是学校教育的旁观者，家校共同关注学生习惯养成的点滴变化。借助网络直观、动态的形式引导学生逐步学会自我认识和自我教育，不仅授课的方式可以通过网络的新型方式实现，传统学业的评价也可以借助网络科技来进行大数据的挖掘和学习能力倾向的分析，从而更好地发现学生的天赋，让学生更加科学、合理地认识自己，取长补短，培养专长，乃至指导其更好地规划人生，明确发展方向，养成良好的行为习惯，不断促进自身全面健康发展。

1. 如何从管控走向解放

随着研究的深入，我们开始逐步反思：这样一套综合评价体系，这些新的技术手段，会不会给身处其中的儿童营造出"全方位无死角"的被观察者的感受？数字技术如何实现"从控制走向解放"，让儿童得到自主成长，享受数字云媒体技术带来的快乐、互动、成长的体验呢？

说到底，"术"和"道"如何保持平衡，发挥和谐统一的促进作用，这是一个核心问题。科技力量是一个"术"，用好它，关键还在于"道"。我们运用科技的"道"在哪里？平衡好这一点，才能充分发挥对儿童自主成长的激励作用。如我们将尝试在本项目中的云平台中加入笑脸评价方式；在儿童成绩、习惯等各方面取得进步时，给出儿童"你进步了几名"等提示，激励儿童的自我成长；儿童在某一兴趣上有特别的表现时，教师给出个性化建议，促进其兴趣和特长的发展；在儿童读书累积到一定数量时，给出进步的排名提示，激励儿童发展阅读能力。再如，对儿童习惯的激励，可以加入家长评分操作，例如，不闯红灯、孝敬老人等，增加评价的主体，真正达到对儿童自主成长的正面激励目的。

2. 智能分析如何对接个性发展

在本项目中，我们在云平台中引进了大数据收集统计和智能分析，进行实证性的研究，对本项目中的平台进行数据的分析与处理。然而数据是冰冷的，如何在大数据的分析和常模的基础上，更好地彰显儿童作为一个完整的个体的发展与个性？把每个儿童作为一个独立、完整的人看待，这是应当具有的教育情怀。我们预留出足够的空间，以待与更大范围的常模数据进行对接，争取在更大范围内采用智能分析，确定不同年段的儿童所具有的不同特性，更好地激励不同年段儿童自主成长。其中，对不同儿童的不同特性分析，将由电脑自动生成，并对儿童提出可行性建议，形成动态的、直观的、宝贵的成长资源，丰富儿童自主成长。

3. 如何最大限度拓展可视化

本项目中，我们将创设一个无边界的激励儿童自主成长的空间，而在实际操作过程中，我们首先需要在调研的基础上，选择儿童自主成长所必需的要点进行深入探究。如儿童的习惯养成、儿童自主成长的雷达图等能激励儿童自主成长的要素，都将是我们关注的重点。我们也将充分发挥本项目的工具性功能与前瞻性功能，达到激励儿童自主成长的目标。其次，丰富展示的终端，使激励的内容与方式更加直观、即时，反复提醒，这也是需要进一步发展的部分。例如，走廊上安装电子班牌与触摸屏，学生自己扫码，滚动播出领先名单，展示各项突出的儿童，达到生生互动、互相激励、自主成长的效果。通过本云平台，学生和家长可以看到孩子的点滴进步，从而激发主观努力的意愿，给学生更高的挑战和纠正的机会，这样，就使孩子的成长实现了"可视化"，变成一种"看得见的生长"。

4. 如何更好建设推广点

项目的建立，将打破绝大多数学校在数字云平台建设中的困境，我们确定了5所苏北地区（包括农村地区）的结对学校：连云港市欢墩中心小学、连云港市黄海路小学、连云港市石桥中心小学、射阳县解放路小学、滨海县东坎镇坎北小学。目前，已经开展了多次与联盟学校的交流、互动、研讨、培训等一系列推广活动。目前正在策划对这5所学校进行调研、考察与交流学习的活动，旨在借助此项目，促进兄弟学校提供开放、自主、激励儿童自主成长的互动体系模板，进而实现平台的共享，获取本项目的推广效能。

5. 平台资料安全性如何保障

技术应用在教育领域中时，尤其需要注意资料、信息的安全性，无论是技术问题、伦理问题、隐私保护问题，还是法律问题，等等，都需要顾及。云平台中，对于数据的采集、反馈，主体是谁？置于数据中心的儿童，自主成长的需求与期待、自我的隐私、自我倾诉与表达的通道，是不是得到应有的重视？我们开展对儿童自主成长与技术运用理论的深入探究，并广泛了解当前中小学在云平台运用中的前沿状态，进而明晰对儿童发展的正确认识，从而合理地展开对云平台的优化。为保证此项目中收集到的相关资料的安全性，我们将与技术公司达成协议，提前签订合同，保证信息上传的限制性、可操作性与可控性。同时，在本项目中的互动平台中，建立多级防火墙装置，确保已有信息安全无泄漏。

　　放眼这一系列将要面临的问题，再回看现在，实现教育的信息化转向，我们相信：这一平台是一种资源，传递儿童自我的发展，并形成及时的对话、有趣的见面，激励学生们的自主成长，支持学生自主发展。将学生阶段内的表现以动态形式记录下来，给予学生更及时的反馈，以一种将积累、实践和指导相结合的形式，有效改善传统评价一刀切、结论式的特点，真正模拟出孩子在各方面的发展和变化，促进儿童的终身发展和提升。学生的发展是自主的，也应当有温暖快乐的记忆。为了让儿童能够看到更好、更真实的自己，教育者必须以发展的眼光看待学生，力求体现学生在某个阶段中所取得的进步和变化。希望通过本项目的建设、前后数据的分析及提供证据式的对比，以此来促进儿童自主发展能力的养成。力求体现学生在某个阶段中所取得的进步和变化，通过这一评价体系的使用，动态评价学生，为其发展提供有效帮助，激发学生的积极性，支持学生自主学习与自主成长。

　　同时，在研究过程中进一步提升教师对学生发展和评价的科学认识，打造一支善于利用工具对学生进行科学测评的教师团队。"博学之，审问之，慎思之，明辨之，笃行之"，继续坚持以课程建设等发展教育内涵，以科研引领打开教育新局面，着力提高自身教育科研水平，我们一直在努力着、前行着。

Chapter 2
第二章

寄语

"科技翻转教育、创新学习,为孩子培养不同的能力。帮助孩子探索学习,适性发展,达到儿童的自主成长。"这可谓是本项目的初衷。从教育本质看来,本项目具有以下关键点。

关键点一:趋势教育

科技为教育开创了无限可能。"趋势教育"充分展现南京市立贤小学在教育上的创新和运用。从习惯教育深耕教育未来式,到依托智慧城市资源发展,结合丰沛的教育资源与数位第一线充满创意与热情的教师,打造出不同以往的教育风景,立贤师生侃侃而谈的专注神情,更让人看到最可贵的自信风采。

感受不一样的课堂学习,整合 STEM 教育培养学生解决问题的能力,以及透过运算思维展现学生的自我适应能力,培养独立思考、动手与创新创意能力。

在"趋势教育"基础上,本项目综合运用"习惯树"云系统,结合物联网、工业4.0、资讯教育、大数据分析,根据学习状况分析,推出跨学科学习,为儿童创造"无边界学习"大环境，真正满足适性教学的目标。

"教育孩子面对问题、思考问题、解决问题，养成终身学习的好习惯。培养孩子懂得跨域整合资源，才能驾驭科技、自信迎向未来。"这是我们期望的教育——用心给孩子不一样的学习。

关键点二：新素养

面向 AI 时代，教育该为孩子们储备什么样的能力？

"用知识打造 AI 抢不走的竞争力。"打造跨学科的学科融合教学，创造无边界的主动学习氛围。十三五期间进行的前瞻性课题"借助云平台激励儿童自主成长的实践探索"，为跨学科、无边界学习奠定了发展基础，在注重学生区域学习特征的同时，提供国际化视野和平台。

从"习惯教育"小处着手，在探索中发现小习惯的大秘密，强调跨领域（学科融合）、动手做（给孩子们经验知识，而非书本的套装知识）、生活运用（将知识运用于生活的能力）、解决问题（主动发现、解决真实问题的能力）、五感学习（全身心投入，用五感玩中学）、数位学习（习惯云系统学习课程），将"小课堂"变成"大社会"，不搞填鸭式背诵，在真实生活中用知识，为孩子打造 AI 无法取代的生存竞争力，培养科技与人文兼备的人才。

关键点三：自主成长

在探索儿童自主生长的实践中意识到只有用明天的趋势教育今天的孩子，才能够教育孩子迎向充满不确定的未来世界。人工智能引发第四次工业革命，愈来愈多的工作即将被替代。人类社会正面临史无前例的快速变化，教育若仍墨守成规，影响的不仅是竞争力问题，而且是最根本的生存价值。

让孩子认识自己、发现天赋，进而知道自己的方向，找到自己存在的价值，借助云平台探索儿童自主生长，是数位教育时代的有益探索。在教学上改变传统的 3R 模式（读、写、算），强调以解决问题为导向的 4C 能力（批判性思考与问题解决、有效沟通、团队共创、创造与创新）。

趋势教育在培养学生的新素养问题上，与经济合作与发展组织（OECD）倡导的核心能力知识、技能、特质与态度、后设学习价值一致。一个人不仅需要跨学科的综合能力，如传统的数学能力、现代的创业能力、全球化视角，还要拥有创造、批判思考、沟通合作等技能，以及好奇心、责任感或伦理、复原力、领导力等，而整个外围的底层逻辑就是后设学习（后设认知、成长心态）。

未来教育，我们坚信人的本质更重要，在"儿童自主成长"环境下成长的立贤儿童，一定能探索自己的人生，找到与世界的链接。

■《乐学少年》总编辑、全国百家新闻媒体"儿童核心素养研究工程"发起人　乔凌峰

Postscript
后记

本书大致完成之际，恰逢新冠疫情的暴发期。在这次长假中，各种硬核科技得到了广泛运用。"大家都上了一场惊心动魄的制度自信的公开课。"我们更想说：这更是一堂技术自信的社会之课，网络视频、网络课程、网络诊疗、停课不停学等，都大放异彩，规模之大，可能对每一位小学生和教师来说，都是终生难忘的。

过去这些年，高新技术的跨越式发展，几乎重塑了中国乃至世界的社会运行模式。移动互联网、大数据、人工智能等，在中国运用的广度、深度和厚度，显示出一场真正意义上的互联网革命，这也是不可阻挡的历史大潮。对新技术革命的态度，在教育领域也愈加开放。

那么在教育范畴内该如何应对这一系列冲击呢？我们觉得：顺势而为，趋利避害才是上策。一系列信息技术应用到教育上，应随时解决可能出现的各种问题。我们的云平台，随着实践的展开，一直在改革，一直在调整，一直在尝试变得更好。在研究过程中，我们在此特别致谢一直支持本项目的玄武区领导陈发山局长、沈峰副局长，区教师发展中心丁加旗校长、余夕凯副校长，区教科所杨向红所长、项平老师。感谢吴永军教授、左坤所长、宗锦莲博士、吕林海教授、张晓东博士、李亚娟博士等专家为本项目出谋划策。南京微研网络科技有限公司的陈总、杜鹏等技术人员为本项目平台建设提供了技术支持。本项目的5所苏北联盟学校（连云港市欢墩中心小学、连云港市黄海路小学、连云港市石桥中心小学、射阳县解放路小学、滨海县东坎镇坎北小学）的校长及主要负责人齐聚我校，参与了本项目的中期研讨汇报和后期对接实验。最后，更感恩全程参与本项目平台建设与使用的周键副校长、苏敏副校长、李勤副校长，全程参与实验的每位教师和工作人员，以及所有参与编写的人员（教师、学生、家长），感谢你们提供的宝贵建议！

事实上，在这整个过程中，给予儿童成长的建议，激励儿童成长的教育实践是主体；收集、整理、分析数据，记录、优化儿童的学习体验，云平台是媒介、工具和场域；激励其参与学习活动的积极性和主动发展的意愿，儿童的自主成长则是目标。运用云平台及智能分析技术，全方位发挥激励功能，以新技术手段带给儿童多样化的学习体验，为儿童的"真"成长提供源源不断的动能。

当然，在这一系列完善的过程中，不可避免地会在途中遇到一系列的问题与困惑、艰难与险阻，但我们坚信：我们有面对这些问题的勇气，有化解这些难题的信心。前进的路上，我们整个团队将心往一处想，劲往一处使。努力让一切技术变得更适应我们的儿童和教师，这才是我们应当努力的最终方向。